스스로 생각하고 놀면서 공부하는
역사 워크북 **3**

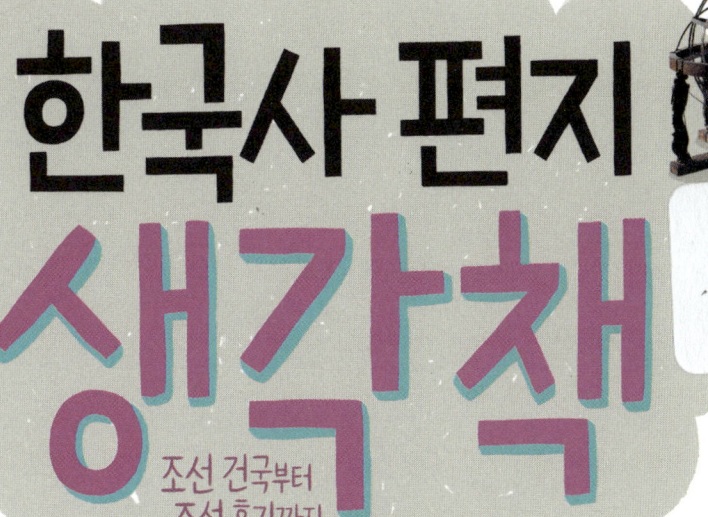

한국사 편지
생각책

조선 건국부터
조선 후기까지

박은봉★생각샘 글
김중석 그림

책과함께어린이

박은봉 선생님의 이야기

《한국사 편지》이후 오랜만에 어린이 독자들을 위해 돌아오신 박은봉 선생님을 만나 인터뷰를 했습니다.

어떻게《한국사 편지》의 워크북을 펴내게 되셨나요?

《한국사 편지》완간 직후부터 워크북을 만들자는 요청과 제안이 많았어요. 필요하다는 의견에 동의는 했지만《한국사 편지》가 추구하는 바를 워크북에 잘 담아낼 수 있을지 확신이 서지 않았지요. 그러다 '생각샘'을 만나면서 가능성을 보았습니다. '아, 할 수 있겠구나!'

《한국사 편지 생각책》을 공동 집필하셨는데요. 선생님은 어떤 역할을 하셨나요?

《한국사 편지》가 무엇을 전달하려는지 지향점을 충분히 공유하는 게 가장 중요하다고 생각했어요. 그래서 본격적으로 집필하기 전에 수차례 모여서《한국사 편지》를 놓고 의견을 나누었어요. 그 다음, 하나하나 문항을 만들고 선별하고 검토하고 수정하는 일련의 모든 과정을 함께했습니다.

요즘 역사 워크북이 많은데요.《한국사 편지 생각책》만의 특징을 알 수 있는 문항을 꼽아 주신다면?

《한국사 편지 생각책》의 문제들은 단순 암기형의 문제가 아니에요. 사고력과 판단력을 기르고 자신의 가치관을 정립하는 것, 이것이《한국사 편지》와《한국사 편지 생각책》의 지향점이에요. 그래서 스스로 생각해 보기, 다양하게 생각해 보기, 자신만의 생각을 자유롭게 표현하기, 이런 문제들이 대부분입니다. 예를 들면, 2권 고려 시대의 '왕후장상의 씨가 따로 있나' 단원에서 '순정'이라는 인물이 되어 그 당시 순정이 어떤 마음이었을지 글로 써 보는 문항이 있어요. 이런 식의 접근은 분명한 차별점이라고 생각합니다. 인물 이름이나 사건, 연도를 외워서 답하는 게 아니라, 인간과 세계를 다양한 각도로 이해하고 복합적인 사고를 하게끔 이끌어 주니까요.

'생각하는 역사'를 문항으로 구현하려면 어려움이 많았겠네요. 그중에서도 특히 고민되셨던 점이 있나요?

사실 역사를 해석하는 데 있어서 단답형의 하나뿐인 정답은 없어요. 역사 자체가 다면 다층, 복합적이기 때문이죠. 그렇다면 어디까지를 정답으로 해야 할까 고민했습니다. 그래서 어린이들이 직접 작성한 답안들을 수록했어요. 실제 답안을 통해 정답의 범위와 적정한 가이드라인을 보여 주었지요. '아, 이런 것도 정답이 될 수 있겠구나!' 하고 역사적 시야가 확장되는 경험을 할 수 있을 것입니다.

어린이들이 실제로 참여했다는 점이 무척 돋보이네요. 앞으로《한국사 편지 생각책》을 볼 독자들에게 한 말씀 해 주세요.

정답을 맞히려고만 하지 말고 자유롭게 생각해 보세요. 엉뚱한 질문, 튀는 생각 다 괜찮습니다. 역사 공부가 재미있어질 거예요. 그리고 지도하는 부모님이나 선생님들은 조급해 하지 말고 기다려 주세요. 어린이의 생각을 존중하고 대화를 나누어 보세요.《한국사 편지 생각책》이 길잡이가 되어 줄 겁니다.

생각샘 선생님들의 이야기
정답과 오답을 가려내는 역사가 아닌 스스로 생각하고 문제를 찾아가는 역사

"시중엔 아이들이랑 재미있고 쉽게 공부할 만한 역사 워크북이 없어요."
"내용 확인, 단답형 역사 워크북은 문제집이랑 다를 게 없죠."
어린이 역사 논술에 대해 상의하던 중 생각샘들은 이런 고민에 빠졌습니다.
"우리 그동안 독서 활동지 만들고 공부했던 노하우로 역사 워크북 하나 만듭시다!"
"그래요. 우리 정도 내공이라면 뭔가 다른 워크북을 만들 수 있을 거예요."
"우리끼리 만들고 수업하는 것으로 끝내지 말고 출판을 해 보는 건 어때요?"
생각샘들은 내용이 알차고 가장 널리 알려진 어린이 역사책으로 제대로 된 워크북을 만들어 보자는 결론을 내리고, 《한국사 편지》를 기본 책으로 정했습니다. 엄마가 들려주는 한국사라는 형식의 《한국사 편지》가 옛이야기 듣듯 재밌고 쉽게 공부하자는 생각샘의 역사 공부 방향과 딱 맞았기 때문입니다. 또 직접 수업하며 워크북을 만들어 본 책이기에 가장 잘할 수 있는 책이기도 했습니다.
그렇게 생각샘들은 겁도 없이 역사 워크북을 만들어 보자며 의기투합을 했답니다.
생각샘이 만들고자 하는 워크북의 방향을 정하고 제안서와 워크북 샘플을 만들어 출판사에 보내기까지 수개월이 걸렸습니다. 출판을 위한 실제 작업이 진행되고 박은봉 선생님과 토론을 하며 새로운 역사 워크북을 위한 고민을 할수록 처음의 패기는 사라지고 '이거 정말 할 수 있을까?'라는 불안감이 커지기도 했답니다.
수많은 자료와 씨름하고, 치열했던 토의와 아이들의 피드백을 거치며 불안감은 할 수 있다는 열정과 자신감으로 변했습니다. 그리고 드디어 현장에서 생각샘들이 직접 겪고 고민한 노하우가 담긴, 어린이들의 생생한 이야기가 함께한, 어디에도 없던 역사 워크북이 세상에 선을 보이게 되었습니다.
생각샘들이 갖고 있던 역사 공부에 대한 새로운 생각이 우리만의 생각이 아니었음을 인정받는 것 같아 가슴이 뜁니다.
"역사가 이렇게 재미있는 줄 몰랐어요!"
"옛날 사람들은 다 원시인들처럼 살았을 줄 알았는데 우리만큼 똑똑했네요!"
"박물관에 가서 직접 보고 싶어요!"
《한국사 편지 생각책》 집필에 참여한 어린이들은 점차 역사에 재미를 느꼈고, 질문하고 탐구하는 자세로 바뀌었습니다. 역사에 대한 관심과 이해의 중요성이 새삼 강조되는 요즘, 더 많은 어린이들이 이러한 변화를 경험했으면 합니다.

생각샘 대표 필자 이진희

이런 점이 특별해요!

《한국사 편지 생각책》은 《한국사 편지》를 기본 책으로 삼아 어린이들이 한국사를 보다 깊이 이해하고 다양한 생각을 펼칠 수 있게 돕는 워크북입니다.

외우는 역사가 아닌 느끼고 생각하는 역사를 구현

《한국사 편지 생각책》은 사건, 연도, 인물 이름을 얼마나 많이 외우고 있는지 시험하지 않습니다. 단편적인 암기식 학습을 지양하고 역사의 재미와 의미를 어린이 스스로 자연스럽게 체득할 수 있도록 이끌어 줍니다.

학습과 놀이가 균형 있게 통합된 워크북

《한국사 편지》에서 만난 역사 이야기를 토대로 풍부한 사진과 지도, 그림 등 다양한 자료를 활용하여 추론, 상상, 스토리텔링, 놀이를 함으로써 역사를 재미있고 생생하게 느끼고 생각하게 해 줍니다.

《한국사 편지》 저자와 공동 작업

《한국사 편지》 저자가 직접 참여해서 만든 유일한 워크북입니다. 《한국사 편지 생각책》의 모든 문제와 활동은 《한국사 편지》 저자 박은봉과 생각샘 선생님들이 함께 토론하여 만든 것입니다.

어린이 논술, 역사 지도를 하고 있는 선생님들의 현장 노하우

수년간 어린이들에게 역사·논술을 지도해 온 선생님들의 풍부한 경험이 응축되어 있습니다. 어린이들의 감성, 사고방식, 교육적 효과 등에 대한 축적된 노하우가 오롯이 담겨 있습니다.

필요한 활동 자료들을 한 권에 모두 수록

《한국사 편지 생각책》에는 만들기, 그리기, 게임하기, 스티커 붙이기 등 다양한 놀이 활동이 들어 있습니다. 그와 같은 활동에 필요한 자료를 한 권에 모두 수록해 놓았으므로 매우 편리합니다.

어린이들이 직접 참여한 현장감 넘치는 문항과 답안

모든 문항과 답안은 생각샘 선생님들과 함께 공부한 어린이들의 반응과 답변을 충실히 반영해서 만들었습니다. 초등학교 3학년부터 6학년에 이르는 어린이들과 직접 역사 수업을 하면서 실제 의견을 보고 들으며 질문의 눈높이나 단계의 구성을 조율하였고, 지침서를 구성하였습니다. 글쓰기와 만들기, 그림 그리기 등에서 발현된 아이들의 개성 있는 작품도 지침서에서 확인할 수 있습니다.

부모님과 선생님을 위한 꼼꼼한 지침서

지침서의 모든 답안은 《한국사 편지》의 내용과 어린이들의 실제 답안을 바탕으로 꼼꼼하게 정리해 만들었습니다. 어린이들의 창의적인 생각들을 폭넓게 실은 지침서는 자유롭게 문제를 풀고 생각하게 하되 답안의 적정한 범위를 어디까지로 보아야 할지 고민스러울 때, 부모님과 선생님을 위한 친절한 나침반이 되어 줍니다.

《한국사 편지 생각책》을 먼저 만나 본 친구들을 소개합니다!

(대화초4 정 단)

나는 역사에 대해 생각해 본 적도 없고 싫어하는 편이었어. 그런데《한국사 편지 생각책》을 공부하면서 과거에 급제한 사람들이 쓰는 '어사모'를 만드는 것이 정말 재밌었어. 나는 역사를 '상상'이라고 생각해. 옛날 사람들이 썼다는 물건을 보면, 어떻게 사용했는지 어떻게 만들어졌는지 확실하지 않으니까 상상을 해 보게 되더라고. 나는 상상하는 것을 좋아하기 때문에 앞으로 역사를 더 잘 알 것 같기도 해.

(대화초5 김근아)

나는 노래를 따라 부르는 것을 좋아해. 왜냐하면 내 꿈은 가수이기 때문이야. 그런데 나는 요즘 나에게 딱 맞는 걸 또 하나 찾아냈어. 그건 바로 역사야. 역사는 아주 먼 옛날부터 자연스럽게 흘러왔고, 그 흐름 속에서 수많은 일들이 벌어지잖아? 노래도 앞부분, 중간 부분, 후렴까지 자연스럽게 흘러가고 감동도 느낄 수 있으니까 역사와 비슷한 점이 많은 것 같아. 나에게 노래와 역사가 있어서 기뻐.

(대화초5 김서현)

나는《한국사 편지 생각책》으로 역사 공부를 하면서 사회 실력이 부쩍 늘었어. 논술학원에서 친구들과 즐겁게 공부도 하고 말이야.《한국사 편지 생각책》이 재밌어서 그런가 봐. 누가 나에게 역사란 무엇이냐고 묻는다면, 타임머신 같은 존재라고 말할 거야. 역사를 공부하면서 옛날 사람들이 어떻게 살았는지 생각하다 보면, 내가 진짜 타임머신을 타고 옛날로 돌아가는 기분이 들거든. 친구들아, 너희들도 역사의 재미를 느꼈으면 좋겠어!

(대화초5 김민서)

안녕! 난 김민서라고 해. 이제 5학년이지. 내 꿈은 개그우먼이야. 그래서 나는 역사를 공부하면서도 선생님과 친구들을 많이 웃겨 주곤 해. 예전에는 역사에 흥미도 없었고, 역사를 왜 배워야 하는지도 몰랐지만, 역사를 배우면 많은 것을 알게 되더라. 미래에 나는 교양 있고 역사에 대해 아는 것이 많은 개그우먼이 되어 있을 거야. 기대해 줘! 너희들도《한국사 편지 생각책》으로 역사를 한번 공부해 봐. 아마 나처럼 역사가 재미있다는 걸 알게 될 거야.

(용남초6 안자연)

저는 소설책을 좋아하는 안자연입니다.《한국사 편지 생각책》을 받았을 때 제가 좋아하는 소설책이 아니라 역사책이라서 조금 당황했습니다. 하지만 역사 속 인물들의 입장이 되어 글을 써 보니 우리 역사에 대해 깊이 생각할 수 있었고, 역사 공부도 할 수 있어서 좋았습니다. 문제를 푸는 형식이 아닌 내 주장을 쓰는 것이라 부담 없이 재미있게 할 수 있었습니다.

여기 소개된 친구들 외에 강예린, 공윤배, 남윤지, 배성빈, 성동진, 오진석, 유서은, 이현아, 정 솔, 조승아, 최서영, 추민재 어린이도 참여했습니다.

이렇게 구성했어요!

프롤로그

그림 또는 간단한 글로 단원의 주제를 한눈에 보여 줍니다.
친구나 가족, 선생님과 함께 살펴보고 앞으로 생각하게 될
주제에 관해 이야기를 나눠 보세요.

생각 한 걸음

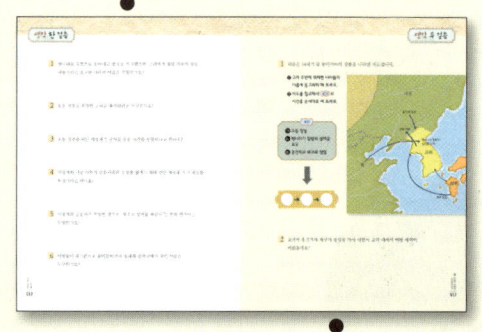

해당 단원의 핵심 내용을 충분히 숙지하고 있는지 간단히
되짚어 보고 점검하는 단계입니다. 《한국사 편지》를 읽어
보았거나 한국사를 공부하는 친구들이라면 쉽게 대답할
수 있는 간단한 질문들입니다.

생각 두 걸음

유물과 유적, 지도 등 구체적인 시각 자료를 보며 역사를 입체적으로
이해하는 단계입니다. 지도를 활용해서 지리적인 위치를 파악하거나
유물과 유적을 살펴보며 그 시대의 상황을 유추해 볼 수 있습니다.

깊이 생각하기

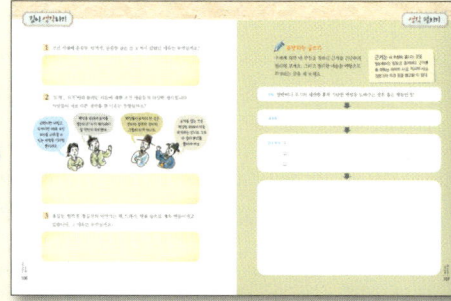

역사적 사실에 대해 스스로 생각해 보는 단계입니다. 특정 시대의
사건, 제도, 상황을 살피며 앞뒤의 인과관계를 파악하고, 자신의
이야기로 재해석해 보기도 합니다.

생각 펼치기

역사적 사실에 대한 자신의 생각을 다양한 방식의 글로 써 보는 스토리텔링
단계입니다. 역사적 사실을 한 번 더 살피며 자신의 생각을 일기, 인터뷰,
편지, 시, 만화, 설명문, 논설문 등으로 정리해 표현해 봅니다.

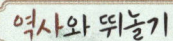

역사와 뛰놀기

다양한 활동과 놀이를 통해 역사 인식을 체화하는 단계입니다.
만들기와 그리기, 보드게임 등 흥미진진한 놀이가 기다리고 있습니다.

역사 공감하기

사고력과 공감력을 확장시키는 단계입니다.
가벼운 마음으로 읽어 보면서 단원을 마무리하고
과거, 현재, 미래를 생각해 봅니다.

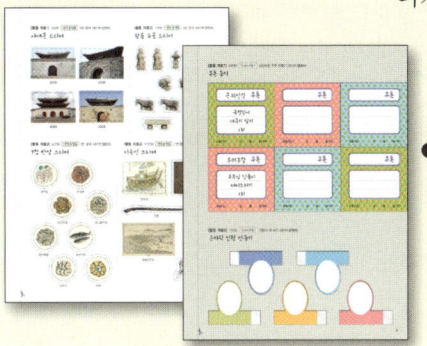

활동 자료

각 단원에 필요한 자료입니다.
해당 자료의 번호와 페이지를
확인해서 바로 오려 활용하세요.

지침서

어떤 답변이 나올 수 있는지 확인할 수 있는 지침서입니다.
책의 맨 뒤에 있으니 필요에 따라 분리해서 사용할 수 있습니다.

이렇게 활용해 보세요!

어린이들에게

- 《한국사 편지 생각책》은 《한국사 편지》를 옆에 놓고 함께 보면서 진행하면 더 쉽고 재미있어요.
- 《한국사 편지 생각책》을 시작하기 전에 먼저 《한국사 편지》의 해당 단원을 읽으세요.
- 색칠하거나 만드는 활동들이 있으므로 가까운 곳에 색연필, 사인펜, 가위, 풀 등을 준비해 주세요. 다양한 활동 자료는 혼자서도 활용할 수 있지만 친구나 가족과 함께 해도 재미있습니다.
- 지침서에는 《한국사 편지 생각책》을 먼저 공부한 어린이들의 다양한 답이 실려 있습니다. 문제를 푼 뒤 다른 어린이들의 생각을 살펴보는 것도 재미있습니다.

부모님과 선생님에게

- 부모님 또는 선생님이 어린이와 함께 《한국사 편지 생각책》을 읽으며 서로의 생각을 나눠 보세요. 역사적 사건이나 시대를 상상해 보는 질문은 정해진 답이 없을 수 있어요. 어린이들이 풍부한 상상력으로 다양하게 답할 수 있도록 유도해 주세요.
- 한 번에 너무 많은 양을 하다 보면 지치고 흥미가 떨어질 수 있어요. 어린이가 즐겁게 활동할 수 있는 범위 내에서 수업을 진행해 주세요.
- 지침서에는 각 단원의 학습목표를 표시했으니 지도시 참고해 주세요.

차례

머리말 박은봉 선생님의 이야기
　　　　생각샘 선생님들의 이야기
이런 점이 특별해요!
이렇게 구성했어요!

01
조선은 어떻게
건국되었나?　010
- 생각 펼치기　위화도 회군에 대한 기사문 쓰기
- 역사와 뛰놀기　병풍 만들기

02
새 도읍지 한양　020
- 생각 펼치기　한양을 소개하는 글쓰기
- 역사와 뛰놀기　창덕궁에서 보물찾기

03
세종이 한글을 만든
진짜 이유　030
- 생각 펼치기　한글과 관련된 인물 인터뷰하기
- 역사와 뛰놀기　한글로 디자인하기

04
관리를 어떻게 뽑았을까?　040
- 생각 펼치기　새로운 면신례 제안하는 글쓰기
- 역사와 뛰놀기　어사모 만들기

05
조선 시대 사람들은
어떻게 살았을까?　050
- 생각 펼치기　신분을 대표하는 물건을 선택하고 이유 쓰기
- 역사와 뛰놀기　호패 만들기

06
성리학의 나라 조선　060
- 생각 펼치기　'사단'을 주제로 편지 주고받기
- 역사와 뛰놀기　삼강오륜 쿠폰 만들기

07
사림의 등장과 '사화'　070
- 생각 펼치기　4대 사화로 촌극 대본 쓰기
- 역사와 뛰놀기　인형극 해 보기

08
조선 시대 사람들의 의식주 080
- 생각 펼치기 : 내가 살고 싶은 집 상상해서 글쓰기
- 역사와 뛰놀기 : 고누 놀이 하기

09
조선 시대의 신문과 책 090
- 생각 펼치기 : 정보화 시대의 장점과 단점 쓰기
- 역사와 뛰놀기 : 책가도 만들기

10
조선의 3대 도적 100
- 생각 펼치기 : 주장하는 글쓰기
- 역사와 뛰놀기 : 미로 찾기

11
임진왜란이 터지다 110
- 생각 펼치기 : 도공들의 삶 상상해서 쓰기
- 역사와 뛰놀기 : 새로운 전술 만들기

12
청나라의 침입, '호란' 120
- 생각 펼치기 : '삼배구고두' 일기 쓰기
- 역사와 뛰놀기 : 조선 왕 이름 대기 게임

13
당쟁은 왜 일어났을까? 130
- 생각 펼치기 : 당쟁을 해결하기 위한 상소 쓰기
- 역사와 뛰놀기 : 당쟁 보드게임하기

14
울릉도와 독도를 지킨 안용복 140
- 생각 펼치기 : 울릉도 여행 계획하는 글쓰기
- 역사와 뛰놀기 : 섬 이름으로 빙고게임하기

활동 자료

책 속 별책 지침서

01
조선은 어떻게 건국되었나?

그들은 갈 길이 달랐다.

최영은   이성계에게   요동 정벌하러   쭉~ 직진하라 했지만

이성계는   위험하다며   천천히 가다가   위화도에서 유턴!

최영과 이성계의 다른 선택,
그들은 과연 어떻게 되었을까?

생각 한 걸음

1 원나라를 북쪽으로 몰아내고 중국을 차지했으며, 고려에게 철령 이북의 땅을 내놓으라고 요구한 나라의 이름은 무엇인가요?

2 요동 정벌을 주장한 고려군 총사령관은 누구인가요?

3 요동 정벌을 떠난 이성계가 군사를 돌린 사건을 무엇이라고 하나요?

4 이성계와 신진 사류가 권문세족의 농장을 없애기 위해 만든 새로운 토지 제도를 무엇이라고 하나요?

5 이성계와 급진파가 주장한 것으로 '왕조의 성씨를 바꾼다'는 뜻의 한자어는 무엇인가요?

6 이방원이 자기편으로 끌어들이려다 실패해 선죽교에서 죽인 사람은 누구인가요?

생각 두걸음

1 다음은 14세기 말 동아시아의 상황을 나타낸 지도입니다.

❶ 고려 주변에 위치한 나라들의 이름에 동그라미 해 보세요.
❷ 지도를 참고해서 보기 의 사건을 순서대로 써 보세요.

보기
ㄱ 요동 정벌
ㄴ 명나라가 철령위 설치를 요구
ㄷ 홍건적과 왜구의 침입

2 고려가 홍건적과 왜구의 침입을 막아 내면서 고려 내에서 어떤 세력이 커졌을까요?

3 다음은 위화도 회군을 나타낸 지도입니다.

❶ 〈지도1〉에서 위화도를 초록색으로 색칠해 보세요.
❷ 〈지도2〉에서 요동 정벌로는 빨간색 화살표로, 위화도 회군로는 파란색 화살표로 그려
   보세요.

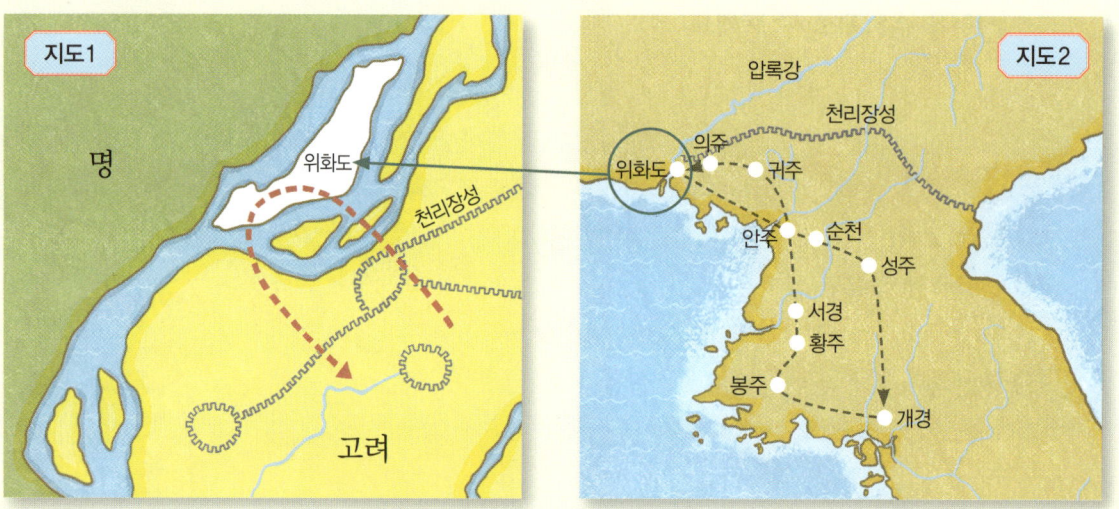

4 요동 정벌에 대한 최영과 이성계의 입장을 각각 써 보세요.

요동 정벌은 꼭 해야 합니다.

요동 정벌에 반대합니다.

최영

이성계

깊이 생각하기

1. 다음 글을 읽고 권문세족과 신진 사류가 대립하게 된 이유를 생각해 보세요.

> • 권문세족: 고려 말의 권세가들로서 원 간섭기에 권력을 차지한 왕의 측근, 부원배, 그리고 전통적인 귀족이 이에 속한다. 권문세족은 주요 관직을 독점하고 왕실과 혼인 관계를 맺으며 세력을 키우고 유지했다. 백성들의 땅을 불법으로 빼앗아 대농장을 만들었으며, 그 과정에서 많은 농민들이 토지를 빼앗기고 노비가 되기도 했다.

> • 신진 사류: 윤리와 도덕, 명분과 의리를 중요하게 생각하는 성리학을 공부하고 과거를 통해 관직에 오른 사람들이다. '반원친명'을 주장하였으며, 고려의 개혁을 강력히 원했다. 신진 사대부, 신흥 사대부, 신흥 유신이라고도 부른다.

2. 신진 사류인 정도전과 정몽주는 고려의 변화에 대한 주장이 달랐습니다. 두 사람 중 누구의 주장이 옳다고 생각하나요? 이유와 함께 이야기해 보세요.

고려는 혁명이 필요하다. 새로운 나라와 새로운 왕을 비롯하여 모두 다 바꿔야 한다.
정도전

고려는 개혁이 필요하다. 그러나 고려라는 나라는 유지하면서 고쳐 나가야 한다.
정몽주

3. 다음 단어들을 이용하여 조선의 건국 과정을 설명해 보세요.

| 요동 정벌 | 이성계 | 최영 | 위화도 회군 |
| 신진 사류 | 역성혁명 | 과전법 | 우왕 |

생각 펼치기

✏️ 위화도 회군에 대한 기사문 쓰기

이성계의 위화도 회군에 대한 내용으로 신문 기사를 써 보세요.

> 기사문은 신문이나 잡지에 실리는 글로, 알릴 만한 가치가 있는 사실이나 사건을 빠르고 정확하게 알리는 글이다. 기사문은 육하원칙에 따라 정확하게 기록하는 것이 특징이다.
>
> 육하원칙 쓰기의 예)
> 민수는 / 학교가 끝난 뒤 / 놀이터에서 / 지갑을 주워 / 주인을 찾아 주려고 / 경찰서에 맡겼다.
> 누가 / 언제 / 어디서 / 무엇을 / 왜 / 어떻게

표제 — 기사 내용을 알 수 있는 큰 제목

훈민정음 해례본 발표

창제 동기와 창제 원리 등 자세한 설명 곁들여 — **부제** 내용을 구체적으로 알려 주는 작은 제목

전문 — 기사 내용을 요약한 문장

세종 대왕과 집현전 학사들은 3년 전 창제한 훈민정음의 창제 동기와 목적, 창제 원리 및 실 사용법을 담은 훈민정음 해례본을 발표했다.

이번에 발표된 훈민정음 해례본은 백성들이 훈민정음을 사용하는 데 이해를 돕기 위해 만들어졌다. 또한 훈민정음이 오랜 시간에 걸친 과학적 연구에 의해 만들어졌음을 알리는 글이기도 하다. 훈민정음 해례본은 다음의 세 부분으로 구성된다.
첫 번째 '예의(例義)' 부분에서는 말과 글이 달라 어려움을 겪는 백성들을 위해 훈민정음을 만들게 되었다는 훈민정음 창제의 동기와 목적을 밝혔다.
두 번째 '해례(解例)' 부분에서는 훈민정음 창제의 과정, 만든 원리와 함께 훈민정음 표기의 예를 94개 단어로 보여 주고 있다.
마지막 부분은 정인지가 쓴 글로 훈민정음과 세종 대왕의 우수성에 대해 알리고 있다.

훈민정음 해례본

본문 — 육하원칙에 따라 기사를 자세히 쓴 부분

⭐ 위화도 회군을 간단한 문장으로 정리한 후, 문장 안에 육하원칙이 잘 쓰였는지 확인해 보세요.

⭐ 앞에서 정리한 내용을 바탕으로 기사문을 써 보세요.

1388년(우왕14년) 음력 5월 23일

고려신문

기사 제목

기사 내용

그림 설명

역사와 뛰놀기

병풍 만들기

일월오봉도에 색칠을 하고, 병풍을 만들어 보세요.

일월오봉도는 해와 달, 다섯 개의 봉우리, 소나무, 파도를 그린 그림이다. 해와 달은 왕을 상징하고, 다섯 개의 봉우리는 산신에게 제사를 지내는 다섯 개의 산(금강산, 백두산, 지리산, 묘향산, 삼각산)을 뜻하며, 소나무는 왕실의 가족이 번창하기를 바라는 것이고, 파도는 조정을 뜻한다. 일월오봉도는 왕의 자리 뒤에 펼쳤다.

준비물
일월오봉도 밑그림([활동 자료5] 활용), 색연필(사인펜), 두꺼운 종이

만드는 방법
1. 색연필이나 사인펜을 이용해서 [활동 자료5]의 일월오봉도를 색칠해 주세요.
2. 색칠한 일월오봉도를 두꺼운 종이 위에 붙여 주세요.
3. 두꺼운 종이를 8등분해서 부채 접기를 해 주세요.

병풍 만드는 방법

① 일월오봉도 색칠하기

② 일월오봉도 붙이기

③ 부채접기

★ 병풍은 2폭에서 12폭까지 짝수로 만들어졌으며 주로 8폭, 10폭, 12폭을 많이 이용했어요.

역사 공감하기

조선 건국을 이야기할 때 빼놓을 수 없는 사람들이 있어. 바로 조선 세 번째 왕이 된 태종 이방원과 정몽주, 정도전이야.

정몽주는 신진 사류를 대표하는 인물이었지만 새 왕조를 바라진 않았어. 고려의 충신으로 남기를 바란 정몽주는 결국 역성혁명을 꿈꾼 이방원에 의해 선죽교에서 죽임을 당했지.

정도전은 이방원과 함께 이성계를 왕으로 추대하고 조선의 밑그림을 그렸어. 그러나 정도전은 강력한 왕 중심의 나라를 원치 않았어. 그래서 왕권을 중요하게 생각한 이방원이 세자가 되는 데 반대하다가 이방원에게 죽임을 당했단다.

그런데 왕이 된 이방원은 정몽주가 죽은 지 13년이 지난 뒤, 그를 영의정에 추증하고 '문충(文忠)'이라는 시호를 내렸어. 충신으로서 정몽주를 기린다는 의미가 담겨 있어.

하지만 정도전은 조선 왕조 내내 잊혔다가 약 500년 뒤인 고종 대에 가서야 겨우 공신 칭호를 회복하고 '문헌(文憲)'이라는 시호를 받았단다.

고려를 지킨 정몽주는 조선에서 충신으로 대우받고, 조선을 세우는 데 일등 공을 세운 정도전은 500년 동안 잊히고. 왜 그랬을까? 네 생각은 어떠니?

02
새 도읍지 한양

짐이 수도를 새로 정하기로 했으니 백성들은 자신의 의견을 말해 보라!

수도는 무조건 지형이 좋아야 합지요. 높은 산으로 둘러싸여 있는 곳이 진정한 명당이옵니다.

넓은 평야와 큰 강이 있어야 합니다. 백성들이 농사를 지어서 잘 먹고 잘살려면 기름진 땅과 물을 대 주는 강이 꼭 있어야 한다고요.

인구가 많아야 해요. 수도가 완성되려면 성 쌓을 사람, 궁궐 지을 사람, 시장에서 물건을 파는 사람 등이 필요하잖아요? 사람 수가 많아야 진정한 수도라고 할 수 있지요.

태조 이성계는 한양을 수도로 정하면서 어떤 조건을 가장 중요하게 생각했을까?

생각 한 걸음

1 태조 이성계가 개경에서 한양으로 수도를 옮긴 것을 무엇이라고 하나요?

2 새 수도 한양에 처음 지은 궁궐로서 '빛나는 복을 빈다'라는 뜻의 이름을 가진 궁궐은 무엇인가요?

3 조선의 수도인 한양을 건설할 때 총책임을 맡은 사람은 누구인가요?

4 왕실의 조상신을 제사 지내는 곳, 토지와 오곡의 신을 제사 지내는 곳을 각각 무엇이라고 하나요?

5 광화문 앞에 관청들이 있던 큰길을 무엇이라고 하나요?

6 청계천을 중심으로 북쪽과 남쪽에는 주로 어떤 사람들이 살았나요?

생각 두 걸음

1 다음은 조선 시대 한양의 모습을 나타낸 지도입니다.

❶ 지도에 동, 서, 남, 북을 쓰고 사대문을 찾아서 각각 이름을 써 보세요.

❷ '좌묘우사'를 확인해 보세요.

❸ 육조 거리를 찾아 동그라미 해 보세요.

❹ 청계천의 물줄기를 따라 파란색 선을 그려 보세요.

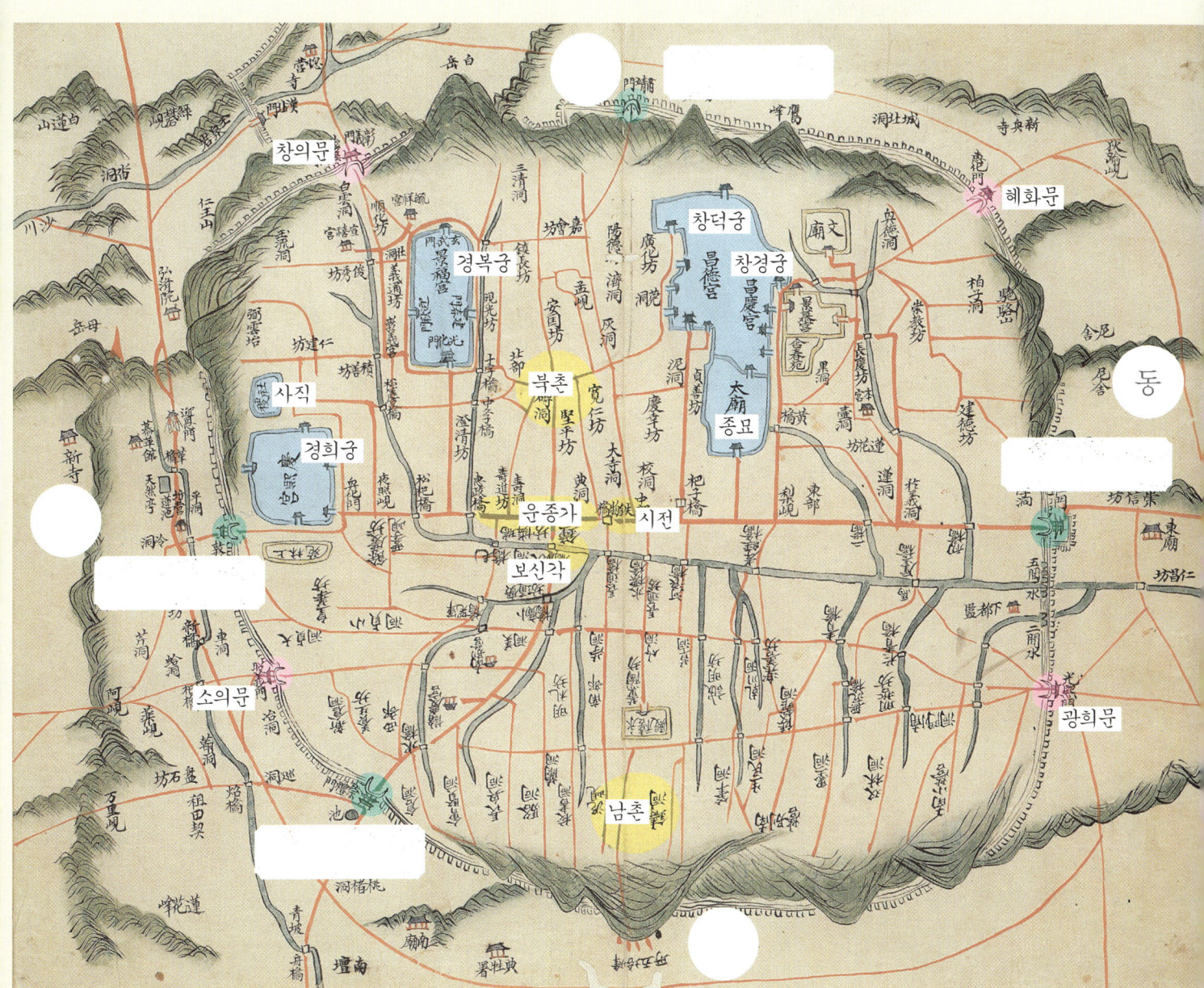

한성부 지도

2 조선 시대의 첫 번째 궁궐인 경복궁의 배치도입니다.

❶ 각 건물의 이름에 어떤 뜻이 있는지 써 보세요.
❷ 궁궐을 드나드는 네 개의 문 스티커를 붙이고 각 문이 상징하는 계절을 써 보세요.
 ([활동 자료1] 활용)

사정전
왕이 정사를 보는 건물
뜻:

신무문: 겨울

영추문:

강녕전
왕이 잠을 자는 침전
뜻:

광화문:

근정전
경복궁의 중심이 되는 정전
뜻:

건춘문:

깊이 생각하기

1 조선 시대 한양에는 경복궁, 창덕궁, 창경궁, 경희궁, 경운궁 등 여러 개의 궁궐이 있었습니다. 한양에 여러 개의 궁궐을 만든 이유는 무엇일까요?

- 경복궁: 조선의 정궁으로 임진왜란 때 불에 탄 후 오랫동안 폐허로 남아 있다가 고종 때 다시 지었다.
- 창덕궁: 두 번째로 지어진 궁궐로, 조선의 역대 왕들이 대부분 이곳에서 살았다.
- 창경궁: 하나의 독립적인 궁궐이 아니라 왕실 가족의 생활을 위해 만든 궁궐이다.
- 경희궁: 임진왜란 후 광해군이 지은 궁궐로 원래 이름은 경덕궁이었는데 영조 때 경희궁으로 이름을 바꾸었다.
- 경운궁: 순종에게 왕위를 물려준 고종이 이곳에 살면서 이름을 덕수궁으로 바꾸었다.

2 한양은 사람들의 신분에 따라 사는 동네가 달랐습니다. 왜 신분에 따라 다른 곳에 모여 살았을까요?

- 양반, 높은 관리는 주로 청계천 북쪽, 경복궁의 동쪽에 살았고, 벼슬들은 경복궁의 서쪽에 살았다.
- 백성들은 주로 청계천 남쪽에 살았다.
- 의원, 역관, 화원 같은 중간 신분의 사람들은 청계천 부근에 살았고, 상인들은 운종가 주변에 살았다.

3 조선 시대에 수도를 정할 때 필요한 조건을 이야기해 보세요. 그중 가장 중요하다고 생각하는 조건을 하나 골라 이유를 써 보세요.

생각 펼치기

 한양을 소개하는 글쓰기

조선의 수도 한양을 소개하는 글을 써 보세요.

★ 쓰고 싶은 글감을 세 개 고르고 색칠해 보세요.

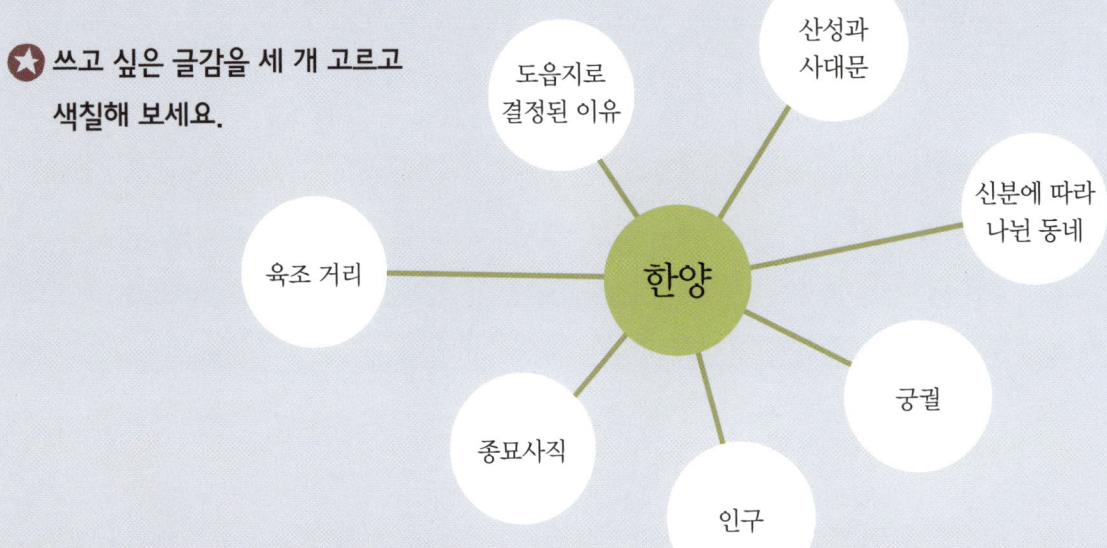

★ 선택한 글감에 대해 간단히 정리해 보세요.

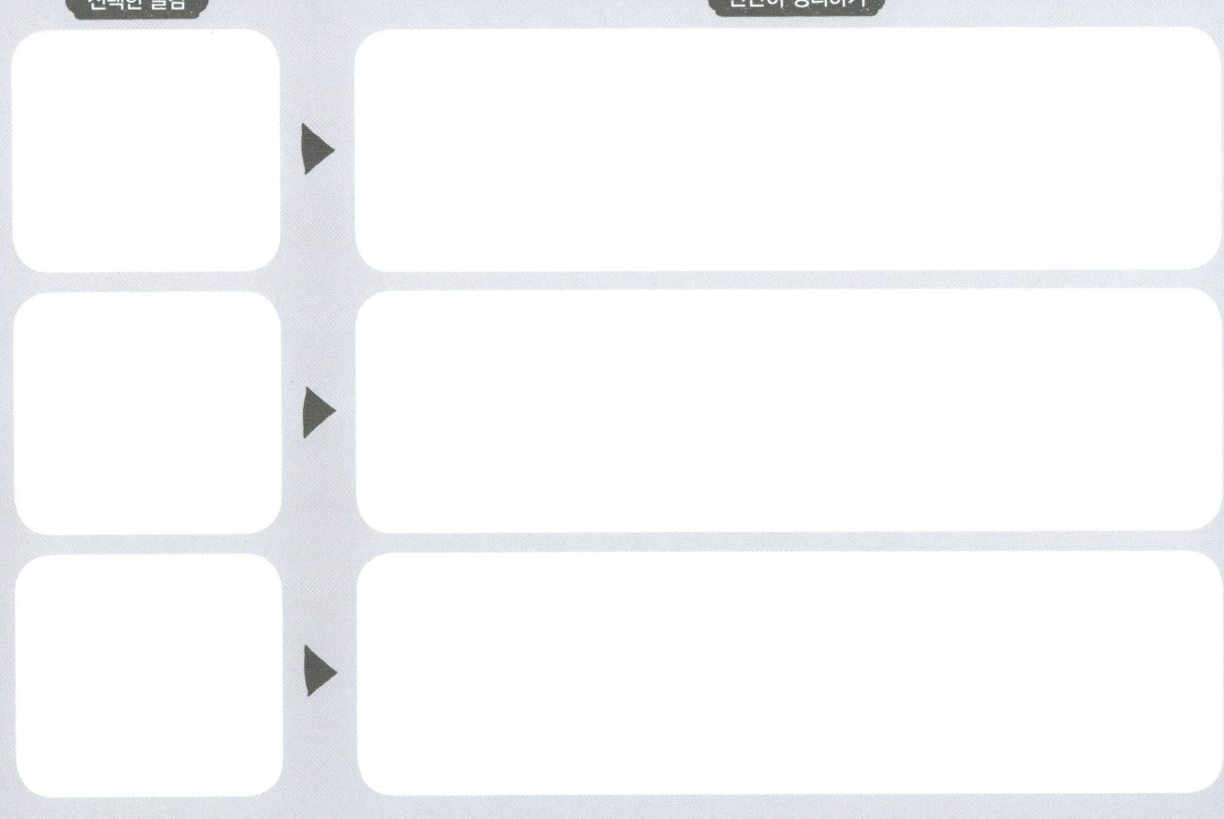

★ 한양을 소개하는 글을 써 보세요.

역사와 뛰놀기

창덕궁에서 보물찾기

창덕궁 보물 지도를 보고, 창덕궁에 가서 숨겨진 보물을 찾아보세요.

경복궁, 창덕궁, 창경궁, 경운궁, 경희궁은 조선 시대의 궁궐이다. 그중 창덕궁은 1405년에 지었고, 경복궁의 동쪽에 있어서 동궐이라고도 불린다. 조선의 역대 왕들은 대부분 창덕궁에서 살았다. 창덕궁은 자연의 모습을 그대로 둔 채 조화롭게 건물을 지었으며, 특히 후원은 아름답기로 이름나 있다. 1997년 유네스코 세계 문화 유산으로 지정되었다.

준비물
창덕궁 보물 지도

참고
1. 월요일은 휴관입니다.
2. 후원은 정해진 시간에 안내원의 안내에 따라 관람합니다.
3. 후원을 관람하려면 창덕궁 홈페이지에서 미리 예약하는 것이 편리해요.

역사 공감하기

2008년 2월 10일을 기억하니? 숭례문이 불타 버린 날 말이야. 뉴스를 지켜보던 사람들 모두 눈물을 흘렸지. 방화로 시작된 숭례문 화재는 나무로 된 목조 부분을 거의 다 태워 버렸어. 불길 속에서 숭례문 현판이 하릴없이 떨어져 내리던 장면은 영영 잊지 못할 것 같아.

숭례문은 한양 도성의 남쪽 문으로 1398년(태조 7년)에 세워졌어. 그런데 불타 버린 숭례문이 태조 때 그대로의 숭례문은 아니란다. 숭례문은 참 많은 시련을 겪었어. 종로에 전찻길이 생긴 1898년에는 전차 운행에 방해된다는 이유로 숭례문 성곽이 철거당했고, 1963년에는 완전히 해체되어 다시 짓다시피 했어. 그렇지만 숭례문은 임진왜란도 병자호란도 6·25 전쟁도 무사히 견뎌 냈기에, 불타는 숭례문을 보는 건 더 없이 미안하고 마음 아픈 일이었어.

화재 후 사람들의 반응은 참 다양했어. 숭례문 앞에서 석고대죄 하는 사람, 성금을 내는 사람, 복원에 쓰일 소나무를 기증하는 사람 등등. 모두가 바랐던 것은 단 한 가지, 예전의 숭례문을 다시 보는 것이었지. 숭례문 복원에 걸린 시간은 5년. 2013년 5월에 숭례문은 다시 우리 앞에 모습을 드러냈어. 하지만 복원된 숭례문은 너무 낯선 모습이었단다. 세포로 사람도 만들 수 있다고 호언장담하던 과학 기술이 못하는 것이 있다는 사실을 깨달았지. 그건 바로 지나온 세월의 흔적이란다. 세월의 흔적은 과학으로 만들 수 있는 것이 아니었어. 그렇다고 포기하고 손 놓고 있을 순 없겠지? 문화재 관리와 복원에 대한 관심과 애정. 그것이 필요한 때가 아닐까?

창덕궁 보물 지도

옥류천에서 숙종이 남긴 시 찾기

애련지에서 불로문 찾기

600살 넘은 다래나무 찾기

부용지에서 물에 비친 하늘 찾기

인정전에서 봉황 찾기

금천교에서 석수 찾기

대조전에서 용마루가 있는지 확인하기

돈화문으로 들어가서 삼정승나무 찾기

선정전에서 청기와 찾기

낙선재에서 빙결 무늬 찾기

① 돈화문 ② 금천교 ③ 진선문 ④ 숙장문 ⑤ 인정문 ⑥ 인정전 ⑦ 선정전 ⑧ 희정당 ⑨ 대조전
⑩ 경훈각 ⑪ 내의원 ⑫ 어차고 ⑬ 낙선재 ⑭ 영화당 ⑮ 부용정 ⑯ 부용지 ⑰ 주합루 ⑱ 애련지
⑲ 연경당 ⑳ 선향재 ㉑ 관람정 ㉒ 옥류천 ㉓ 다래나무 ㉔ 신선원전 ㉕ 의로전 ㉖ 향나무

궁궐에 있는 나무 한 그루, 무늬 하나가 모두 보물이랍니다!

03

세종이 한글을 만든 진짜 이유

동요 〈잘잘잘〉의 멜로디에 맞추어 다음 노래를 불러 보세요.

하나 하면 한 백성이 글을 몰라 엉엉엉.
둘   하면 둘이 모여 어리석다 잉잉잉.
셋   하면 세종 대왕 훈민정음 만들어.
넷   하면 네거리에 모두 모여 만만세.
다섯 하면 다 알았다. 하루 만에 깨쳤네.
여섯 하면 여인네들 편지나 한 장 써 볼까.
일곱 하면 일찍 일어나 한글 공부 해보자.
여덟 하면 여기저기 가나다라마바사.
아홉 하면 아빠 엄마 누나 동생 다 같이.
열   하면 10월 9일 한글 있어 행복해.

생각 한 걸음

1. 한글을 만든 이유와 만든 원리, 사용 방법에 대해 자세하게 설명해 놓은 책은 무엇인가요?

2. 세종과 함께 한자음 통일 사업, 서적 편찬 사업 등을 벌인 학문 연구소는 어디인가요?

3. 한글로 써서 간행한 최초의 책은 무엇인가요?

4. 새로운 글자를 만드는 것에 대해 반대하는 상소문을 올린 일곱 명의 집현전 학자들의 대표는 누구였나요?

5. 한글을 '여자들이나 쓰는 글'이라는 의미로 낮춰 부른 말은 무엇인가요?

6. 노비였다가 조선 최고의 과학자가 되어 자격루, 혼천의 등 수많은 발명품을 만든 사람은 누구인가요?

생각 두 걸음

1 다음은 훈민정음의 기본 글자입니다.

❶ 자음과 모음을 순서대로 소리 내어 읽어 보세요.

❷ 자음과 모음은 무엇을 본떠 만들었을까요?

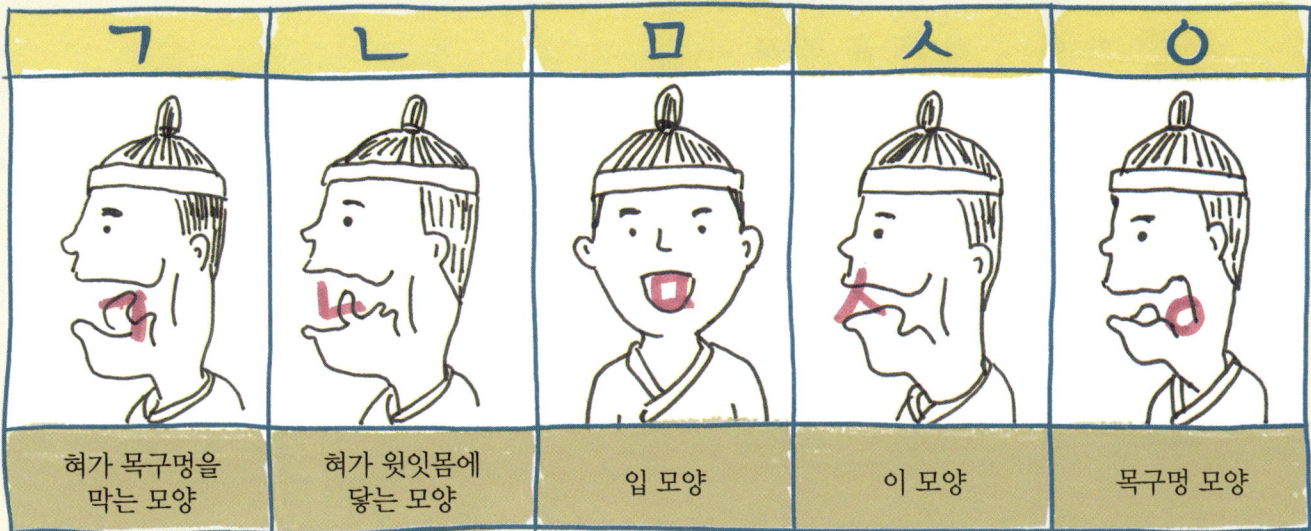

자음

ㄱ	ㄴ	ㅁ	ㅅ	ㅇ
혀가 목구멍을 막는 모양	혀가 윗잇몸에 닿는 모양	입 모양	이 모양	목구멍 모양

모음

ㆍ	ㅡ	ㅣ
하늘의 둥근 모양	평평한 땅의 모양	똑바로 서 있는 사람의 모양

2 다음은 세종 대왕이 《훈민정음》 해례본에 쓴 글입니다.

❶ 세종 대왕이 쓴 옛글을 큰 소리로 읽어 보세요.
❷ 세종 대왕은 《훈민정음》 해례본을 왜 만들었을까요?

나랏말ᄊᆞ미 中듕國귁에 달아
文문字ᄍᆞ와로 서르 ᄉᆞᄆᆞᆺ디 아니ᄒᆞᆯᄊᆡ
이런 젼ᄎᆞ로 어린 百ᄇᆡᆨ姓셩이
니르고져 호ᇙ배 이셔도
ᄆᆞᄎᆞᆷ내 제 ᄠᅳ들 시러 펴디
몯ᄒᆞᇙ 노미 하니라
내 이ᄅᆞᆯ 爲윙ᄒᆞ야 어엿비 너겨
새로 스물여듧字ᄍᆞᆼᄅᆞᆯ 밍ᄀᆞ노니
사ᄅᆞᆷ마다 ᄒᆡᅇᅧ 수ᄫㅣ 니겨 날로 ᄡᅮ메
便뼌安ᅙᅡᆫ킈 ᄒᆞ고져 ᄒᆞᇙ ᄯᆞᄅᆞ미니라

[해석]
우리나라 말이 중국과 달라 한자와는 서로 통하지 아니하여서 이런 까닭으로 어리석은 백성이 말하고자 하는 바가 있어도 마침내 제 뜻을 펴지 못하는 사람이 많다. 내가 이것을 가엾게 생각하여 새로 스물여덟 글자를 만드니, 모든 사람들로 하여금 쉽게 익혀서 날마다 쓰는 데 편하게 하고자 할 따름이다.

세종 대왕이 쓴 옛글

3 다음은 조선 시대에 만들어진 발명품입니다. 어디에 어떻게 사용한 물건인지 상상해서 이야기해 보세요.

일성정시의   혼천의

수표

간의

규표

4 다음은 종묘제례악에 사용된 악기입니다.

❶ 악기 중에서 현악기, 관악기, 타악기를 찾아 각각 다른 색으로 동그라미 하세요.

❷ 종묘제례악은 언제 연주했을지 이야기해 보세요.

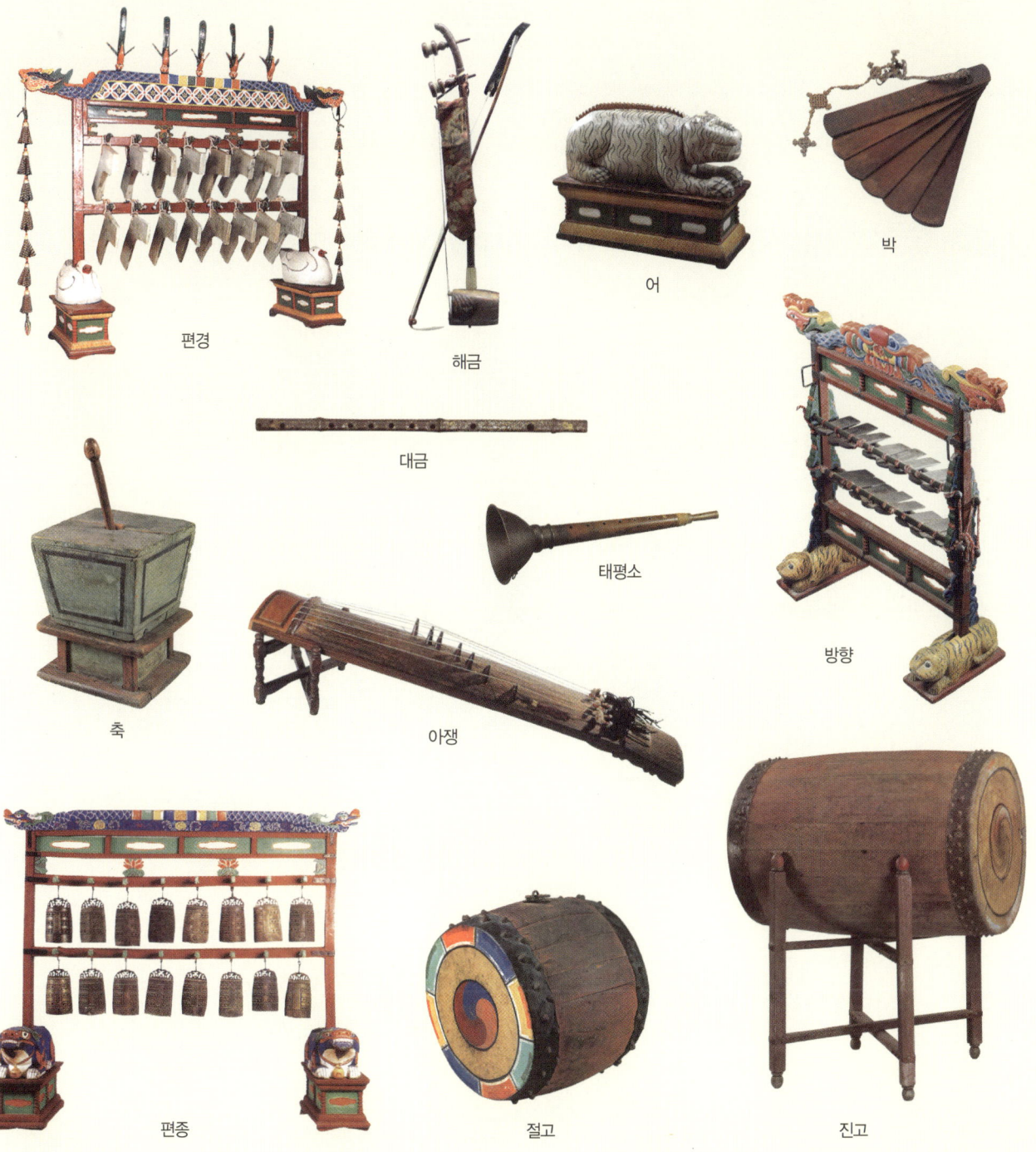

깊이 생각하기

1 세종 때에 정치가 안정되고, 문화가 발달할 수 있었던 이유는 무엇 때문일까요?

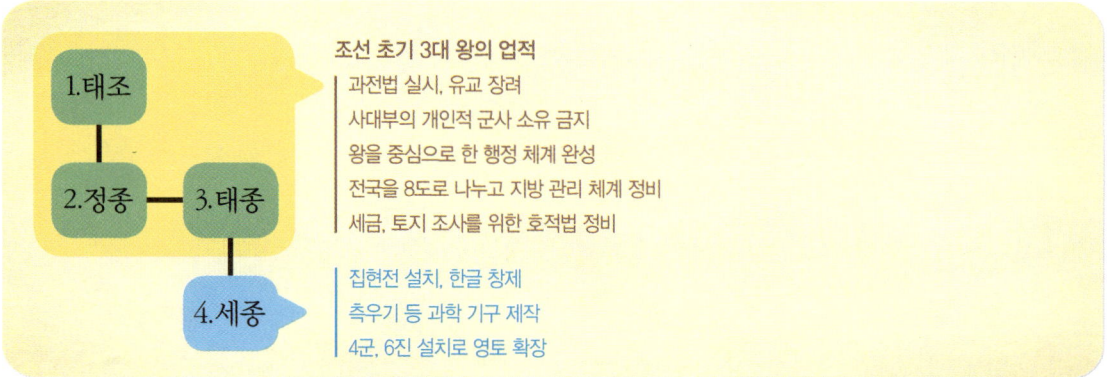

2 글을 모르던 백성들이 글을 알게 되면 어떤 점이 좋을까요? 백성의 입장과 왕의 입장에서 써 보세요.

백성의 입장에서 좋은 점	왕의 입장에서 좋은 점

3 한글은 만들어진 후 널리 사용되지 못하고 한때 사라질 뻔한 위기도 겪었습니다. 그러나 지금까지 한글은 잘 보존되고 있습니다. 그 이유는 무엇일까요?

한글 창제 ▶ '암글', '언문' 등으로 불리며 주로 여성들이 사용 ▶ 일제 강점기 일본의 한글 말살 정책 ▶ 1997년 10월 《훈민정음》 해례본 유네스코 세계 기록 유산으로 등록

생각 펼치기

한글과 관련된 인물 인터뷰하기

다음 인물 중 한 사람을 선택하여 인터뷰를 하고 그 내용을 써 보세요.

한글을 창제한
세종 대왕

한글 창제에 반대한
최만리

한글을 배워 처음
책을 읽은 백성

★ 선택한 인물에 대한 궁금한 점, 느낌을 포함하여 생각나는 단어를 모두 써 보세요.

★ 위의 단어 중 3개를 골라 질문을 만들고, 인터뷰 내용을 써 보세요.

제목:

인터뷰 장소: 인터뷰 기자:

인사말 :

질문1 :

대답1 :

질문2 :

대답2 :

질문3 :

대답3 :

마무리 인사말 :

인물을 인터뷰한 소감 :

역사와 뛰놀기

한글로 디자인하기

한글의 아름다움을 살려 하얀 티셔츠에 한글로 꾸며 보세요.

준비물
하얀 티셔츠, 네임펜 또는 유성 매직 (색깔별로)

만드는 방법
1. 디자인할 글자를 미리 써 보세요.
2. 하얀 티셔츠를 준비하세요.
3. 하얀 티셔츠에 네임펜, 유성 매직으로 디자인해 보세요.

한글로 디자인한 부채

한글 모양을 응용해 만든 의자

역사 공감하기

오늘 하루 몇 번이나 휴대 전화를 들여다보았니? 친구에게 문자 메시지도 많이 보냈겠지? 그런데 우리가 쓰는 휴대 전화 문자 자판 중에는 한글의 원리가 적용돼 있는 것이 있다는 사실, 알고 있니? 세종 대왕은 발음 기관의 모양을 본떠서 한글 자음의 기본자를 만들고 '천(ㆍ)', '지(ㅡ)', '인(ㅣ)'을 기본자로 모음을 만들었잖아. 이 '천', '지', '인'을 그대로 휴대 전화의 자판 원리에 적용한 거야.

중국 사람들은 문자를 보낼 때 한자를 알파벳으로 소리 나는 대로 입력한 다음 다시 한자로 변환해서 보낸단다. 일본도 마찬가지야. 그러나 한글은 그럴 필요가 없어. 때문에 영어나 중국어, 일본어로 문자를 보낼 때보다 한글로 문자를 보낼 때 속도가 훨씬 빠르단다. 초고속 정보 시대에 속도에서 앞선다는 건 엄청난 경쟁력을 갖고 있다는 뜻이 돼.

조선 시대에 만들어진 한글이 현대의 과학 기술과 만나서 수많은 사람들에게 편리함을 제공하고 있어.

04
관리를 어떻게 뽑았을까?

관리! 조선 시대 최고의 직업

문관

"이번 과거에서 장원 급제했어. 지난 20년 동안 공부한 것이 이제야 결실을 보게 되었구나. 드디어 나도 관리가 될 수 있어."

무관

"과거를 치르고 관직에 나가다니, 꿈만 같아."

통역관

"명나라 말을 열심히 공부했어. 이제 정식 통역관이 되었으니 내 실력을 발휘해야지."

생각 한 걸음

1 문반과 무반을 통틀어 무엇이라고 하나요?

2 조선 시대 과거 시험의 종류에는 어떤 것들이 있나요?

3 조선 시대의 모든 관직에는 등급이 정해져 있었습니다. 이것을 무엇이라고 하나요?

4 조선 시대 과거 시험인 '식년시'와 '별시'에 대해 설명해 보세요.

5 신참 관리가 선배들에게 음식과 술을 대접하면서 인사를 하는 정식 신고식을 무엇이라고 하나요?

6 과거 시험을 보지 않고도 관리가 될 수 있는 방법에는 어떤 것이 있었나요?

생각 두 걸음

1 다음은 조선의 관리가 사용했던 물건입니다.

❶ 문관이 사용한 것들을 찾아 빨간색으로 동그라미를 하세요.
❷ 무관이 사용한 것들을 찾아 파란색으로 동그라미를 하세요.
❸ 문무관이 공통으로 사용한 것에 초록색으로 동그라미를 하세요.

2 조선 시대의 중요 행정 기관인 육조는 광화문 앞 가장 큰길에 있었습니다. 조선은 왜 이곳에 육조를 두었을까요?

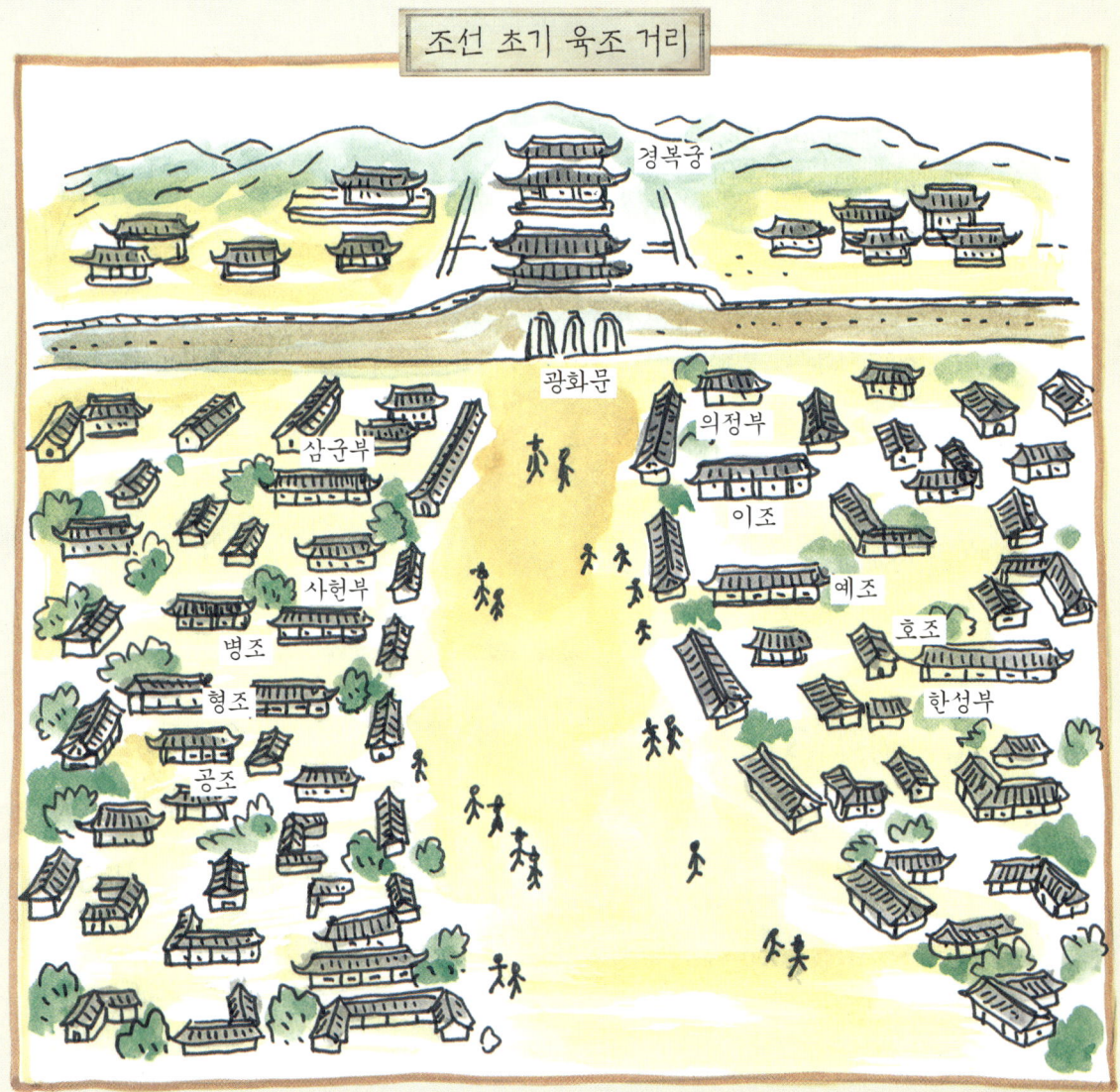

조선 초기 육조 거리

삼군부	군사 문제를 처리
사헌부	언론 담당과 관리의 감독
병조	국방과 통신
형조	법률, 형벌, 재판
공조	도로, 교통, 수공업

의정부	조선 시대 최고의 행정부. 국가의 업무를 총괄
이조	문관 선발과 인사 관리
예조	교육, 과거 시험, 외교
호조	인구 조사, 토지 조사 등 나라의 경제와 살림
한성부	수도 한성을 관할하는 관청

깊이 생각하기

1. 다음은 조선 시대 정치 체제를 알려 주는 그림입니다. 이와 같은 정치 체제의 장점은 무엇일까요?

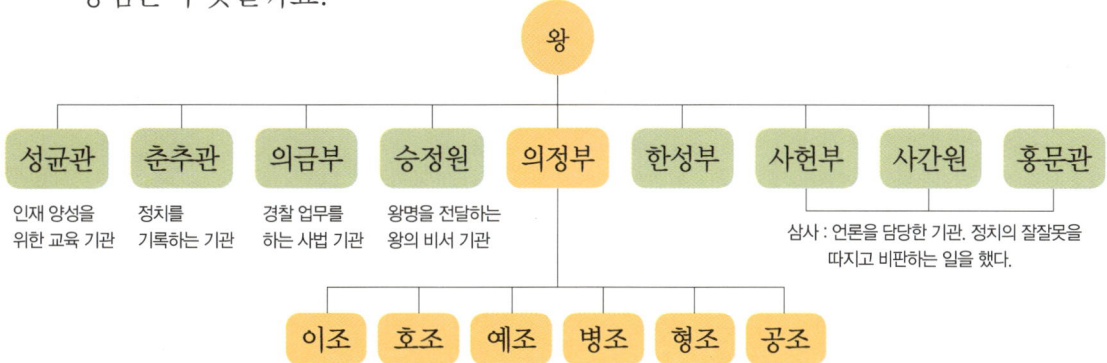

2. 조선 시대에는 주요 관리를 뽑을 때 여러 단계를 거쳤습니다. 왜 이런 과정을 거쳤을까요?

• 조선 시대에 주요 관리를 뽑는 과정 •

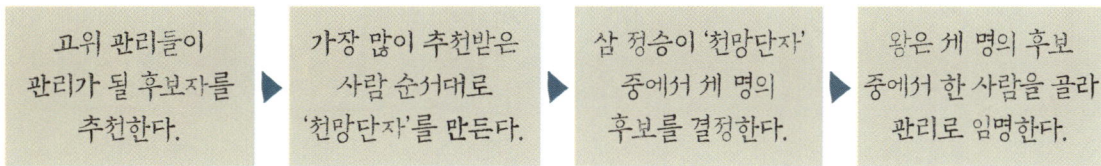

3. 조선 시대에는 문관을 중요하게 여기고 무관과 기술직을 천시했습니다. 이런 생각이 이후 조선 사회에 어떤 영향을 미치게 될까요?

생각 펼치기

 새로운 면신례 제안하는 글쓰기

조선 시대 면신례의 문제점을 생각해 보고, 새로운 면신례를 제안하는 글을 써 보세요.

> 조선 시대에는 과거에 합격하여 관직을 받으면 해당 관청 선배들에게 후배 되기를 허락받는 신고식을 치렀다. 먼저 예비 신고식인 허참례를 치르고 곧 정식 신고식인 면신례를 치렀다.

벽에 있는 거미를 손으로 잡게 한 뒤, 그 손을 씻은 물을 마시게 함.

겨울철에 물에서 물고기를 잡게 함.

관원의 직책과 이름을 물어보고 대답을 못하면 똥물을 뿌림.

통나무를 들게 하여 못 들면 때림.

신입에게 15일 이상 숙직시켜 잠을 못 자게 함.

면신례를 하다가 사람이 죽기도 함.

⭐ 글을 쓰기 전에 간단하게 정리해 보세요.

면신례의 문제점	새로운 면신례 제안

⭐ 앞에서 정리한 내용을 바탕으로 새로운 면신례를 제안하는 글을 이유와 함께 써 보세요.

역사와 뛰놀기

어사모 만들기

조선 시대 급제자가 썼던 어사모를 만들어 보세요.

준비물
검은색 종이, 색한지, 꽃철사(23호) 73cm, 가위, 풀, 테이프

만드는 방법

1. 검은색 종이에 도안을 보고 그린 뒤, 가위로 자르세요.
2. 점선으로 표시된 곳을 접어 계단 모양을 만들어 주세요.
3. ㉠부분을 머리 크기에 맞게 조정해 붙여 주세요.
4. ㉡과 ㉠을 붙여 주세요.
5. ☆ 부분에 ★ 종이를 붙여 주세요.
6. 색한지를 1/4로 접어 사선으로 꽃 모양을 오려 주세요.
7. 꽃의 중심을 철사에 꿰어 풀칠한 뒤 반으로 접어 꽃철사와 함께 붙여 주세요.
8. 어사화로 장식한 꽃철사를 어사모 뒤쪽 중심에 테이프로 붙여 주세요.

어사모 도안

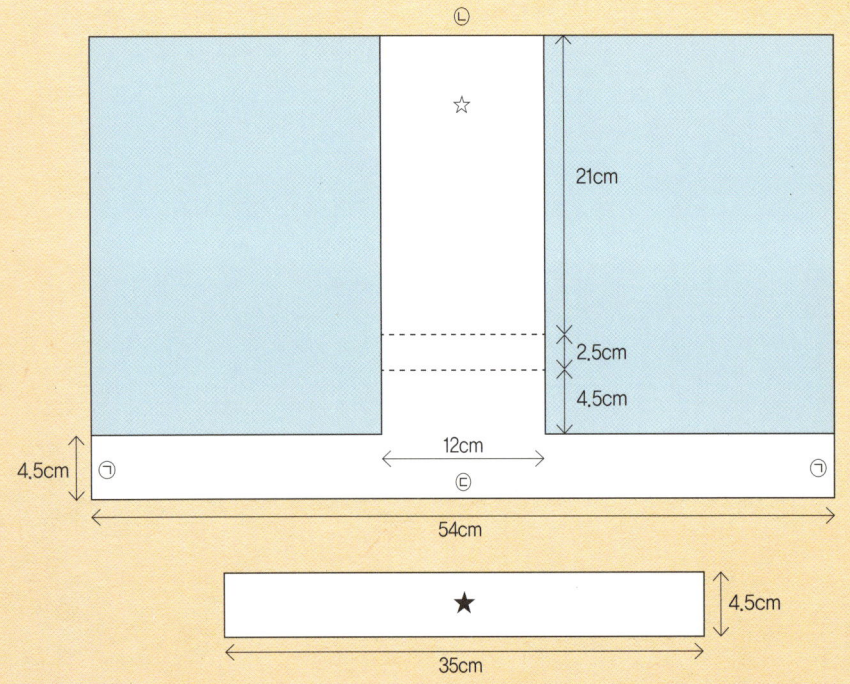

역사 공감하기

조선 시대 여성의 품계

품계	외명부			내명부
	왕·세자의 가족	종친(왕의 친족)의 부인	관료의 부인	왕의 후궁과 궁녀
정1품	부부인, 공주, 옹주	부부인, 군부인	정경부인	빈
종1품	봉보부인	군부인	정경부인	귀인
정2품	군주	현부인	정부인	소의
종2품		현부인	정부인	숙의
정3품	현주	신부인(당상관), 신인(당하관)	숙부인(당상관), 숙인(당하관)	소용
종3품		신인	숙인	숙용
정4품		혜인	영인	소원
종4품		혜인	영인	숙원
정5품		온인	공인	상궁, 상의
종5품		온인	공인	상복, 상식
정6품		순인	의인	상침, 상공
종6품			의인	상정, 상기
정7품			안인	전빈, 전의, 전선
종7품			안인	전설, 전제, 전언
정8품			단인	전찬, 전식, 전약
종8품			단인	전등, 전채, 전정
정9품			유인	주궁, 주상, 주각
종9품			유인	주변징, 주징, 주우, 주변궁

조선 시대의 모든 관직에는 등급이 있었어. 이것을 품계라고 해. 그럼 품계는 남자들만 받았겠네 하고 생각하기 쉽지만, 그렇지 않아. 여자들도 품계를 받았어.

여자들의 품계는 내명부와 외명부로 나뉘어 있었어. 내명부는 궁궐 안에 사는 여성들, 그러니까 왕의 후궁이나 궁녀들이 받았어. 후궁은 정4품에서 정1품까지, 궁녀는 정9품에서 정5품까지 있었단다.

외명부는 왕족, 문무 관리의 어머니와 부인이 자식이나 남편의 품계에 따라 받는 거야. 자식과 남편의 품계가 높으면 당연히 어머니와 부인의 품계도 높았겠지?

높은 품계에 있는 여성들은 그 힘과 영향력이 상당했단다.

05
조선 시대 사람들은 어떻게 살았을까?

양반 김 대감의 어느 봄날

따뜻한 봄볕 아래 벗들과 풍류를 즐기니 이보다 더 즐거운 일이 있겠는가!

신윤복 〈상춘야흥〉

중인 홍 이방(아전)의 어느 봄날

봄이라 먹을 것이 부족하여 도둑들이 늘었구먼. 딱하긴 하지만 그래도 죄는 지었으니….

김윤보 〈행정도첩〉

농민 똘이어멈의 어느 봄날

봄바람은 좋지만, 살림살이는 고달프고. 나물이라도 많이 캐서 아이들 배를 채워 줘야지.

윤두서 〈나물캐기〉

천민 무녀의 어느 봄날

천지신명이시여~ 내 말 좀 들어 주소~!

겨우내 밀린 굿이 많구나, 많아.

신윤복 〈무무도〉

생각 한 걸음

1 관리들이 모두 모여서 왕에게 문안 인사를 드리는 것을 무엇이라고 하나요?

2 정치의 잘잘못을 따져 왕에게 충고와 조언을 하고, 관리들이 부정을 저지르지 않도록 감시하고 감독하는 곳은 어디인가요?

3 왕이 신하들과 함께 학문과 정치를 토론하는 자리를 무엇이라고 하나요?

4 관노비와 사노비에 대해 설명해 보세요.

5 통역을 하는 역관, 의사인 의관, 법률가인 율사, 화가인 화원 등이 속한 신분은 무엇인가요?

6 이름과 태어난 해, 관직, 신분 등이 새겨져 있는 조선 시대의 신분증은 무엇인가요?

생각 두 걸음

1 다음은 조선 시대 사람들의 다양한 모습입니다.

❶ 양반, 중인, 상민, 천민을 각각 다른 색으로 동그라미 해 보세요.

❷ 신분과 직업은 어떤 관계가 있었을까요?

훈장   역관   문신   관청에 소속된 악사

화원   농부   목수   광대

노비   무신   기녀

2 조선 시대 왕에게는 특별한 높임말을 썼습니다. 각 단어에 알맞은 높임말을 찾아 써 보세요.

일반적인 말	높여서 부르는 말
몸	
얼굴	
이마	액상
입술	
눈	안정
눈물	
콧물	비수
땀	한우
손	
손톱	수지
피	
대변	
방귀	통기
밥	

보기 혈, 옥체, 수라, 매화, 안수, 용안, 구순, 어수

3 다음 유물은 왕을 위한 물건들입니다. 알맞은 이름을 찾아 써 보세요.

보기 용상, 매화틀, 태 항아리

4 왕의 하루 일과표입니다. 내가 생각하는 왕의 일상과 다른 점이 있나요? 자유롭게 이야기를 나누어 보세요.

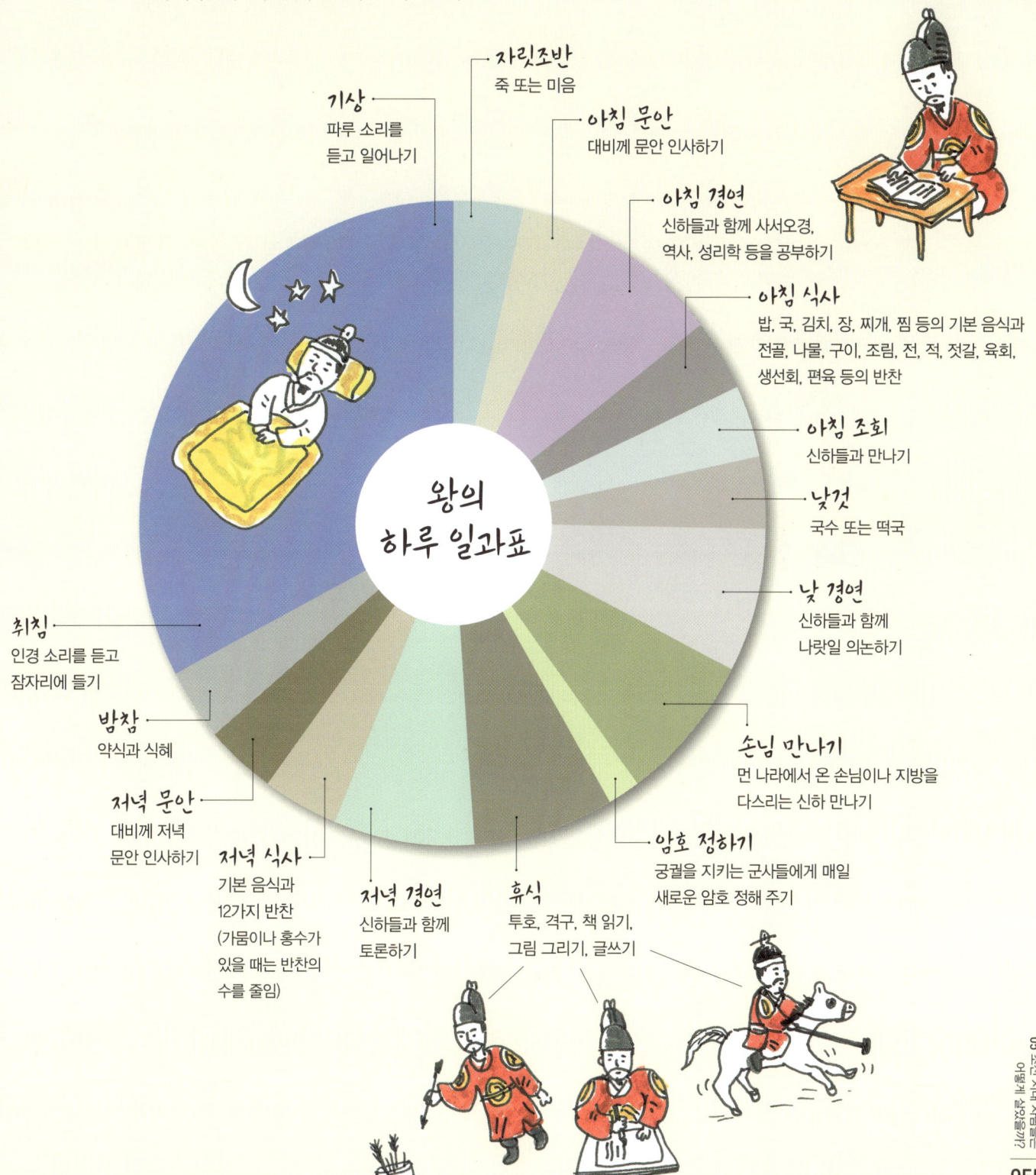

왕의 하루 일과표

- **기상**: 파루 소리를 듣고 일어나기
- **자릿조반**: 죽 또는 미음
- **아침 문안**: 대비께 문안 인사하기
- **아침 경연**: 신하들과 함께 사서오경, 역사, 성리학 등을 공부하기
- **아침 식사**: 밥, 국, 김치, 장, 찌개, 찜 등의 기본 음식과 전골, 나물, 구이, 조림, 전, 적, 젓갈, 육회, 생선회, 편육 등의 반찬
- **아침 조회**: 신하들과 만나기
- **낮것**: 국수 또는 떡국
- **낮 경연**: 신하들과 함께 나랏일 의논하기
- **손님 만나기**: 먼 나라에서 온 손님이나 지방을 다스리는 신하 만나기
- **암호 정하기**: 궁궐을 지키는 군사들에게 매일 새로운 암호 정해 주기
- **휴식**: 투호, 격구, 책 읽기, 그림 그리기, 글쓰기
- **저녁 경연**: 신하들과 함께 토론하기
- **저녁 식사**: 기본 음식과 12가지 반찬 (가뭄이나 홍수가 있을 때는 반찬의 수를 줄임)
- **저녁 문안**: 대비께 저녁 문안 인사하기
- **밤참**: 약식과 식혜
- **취침**: 인경 소리를 듣고 잠자리에 들기

깊이 생각하기

1 조선 시대에는 신분에 따라 사는 모습이 달랐습니다. 각 신분의 사람들이 어떻게 살았는지 자유롭게 이야기해 보세요.

2 조선 시대에는 농업을 경제의 기본으로 삼고, 농민을 위한 여러 정책을 폈습니다. 다음 중 농민에게 가장 큰 도움을 주었다고 생각되는 것을 고르고 이유를 써 보세요.

> 각 지역 농민의 경험을 자세히 듣고 수집하여 우리 기후와 토지에 맞는 농업 서적을 만들었다.

> 풍년에 곡식의 가격이 떨어지면 사들였다가 흉년에 곡식의 가격이 오르면 내놓았다.

> 각 지역에서 특산품을 구해 바치는 것이 백성들의 생활을 어렵게 하자 특산품을 쌀로 대신 내도록 하였다.

> 토지에서 세금을 걷을 때 농사짓는 땅이 좋은지 나쁜지, 풍년인지 흉년인지에 따라 등급을 두어 다르게 걷었다.

3 조선 시대에는 사(선비)·농(농민)을 우대하고 공(장인)·상(상인)을 천시했습니다. 그 이유는 무엇인가요?

생각 펼치기

 신분을 대표하는 물건을 선택하고 이유 쓰기

조선 시대 여러 신분의 사람들이 사용한 물건 중 각 신분을 대표하는 물건을 선택하여 그림을 그려 보세요. 그리고 선택한 이유를 써 보세요.

양반

물건 이름 :
선택한 이유 :

중인

물건 이름 :
선택한 이유 :

상민

물건 이름 :
선택한 이유 :

천민

물건 이름 :
선택한 이유 :

역사와 뛰놀기

호패 만들기

조선 시대 호패의 모습을 참고해서 자신의 호패를 만들어 보세요.

준비물

호패 본([활동 자료6] 활용), 사인펜, 두꺼운 종이, 풀, 끈, 구멍을 뚫을 수 있는 도구

방법

1. 호패 본에 실제 호패에 새겨진 내용을 참고해서 나를 알릴 수 있는 내용을 쓰세요. (이름, 출생 연도, 신분, 호패를 만든 연도 등 다양하게 쓸 수 있어요.)
2. 호패 본을 오려 두꺼운 종이에 앞뒤를 잘 맞춰 붙이고 호패 모양을 따라 오리세요.
3. 구멍을 뚫고 끈을 달아 장식하세요.

호패는 조선 시대 16세 이상의 남자들이 가지고 다니던 신분증이다. 호패에는 이름과 태어난 해, 관직, 신분 등이 새겨져 있다. 일부 호패에는 생김새나 신체적 특징이 새겨져 있기도 했다. 신분에 따라 양반은 상아나 뿔로 만든 호패를, 상민은 나무로 만든 호패를 차고 다녔다.

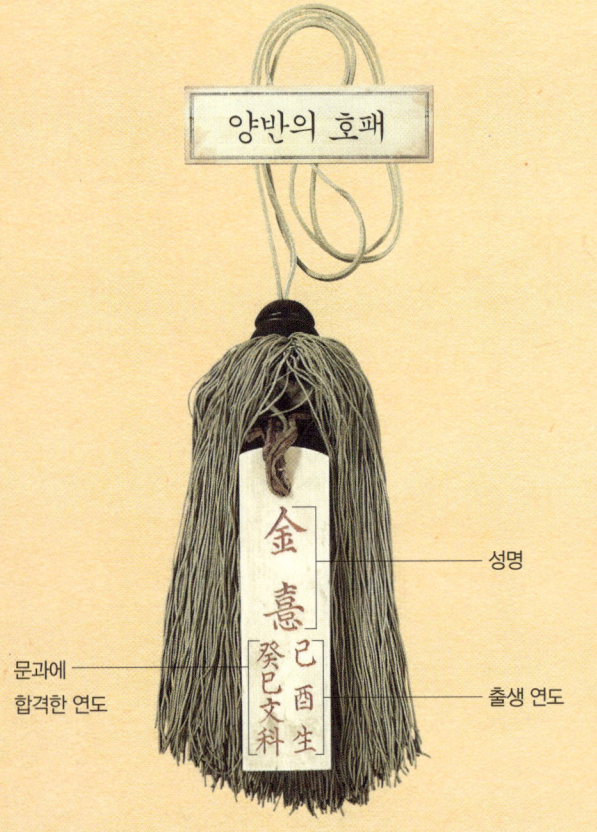

양반의 호패

- 성명
- 문과에 합격한 연도
- 출생 연도

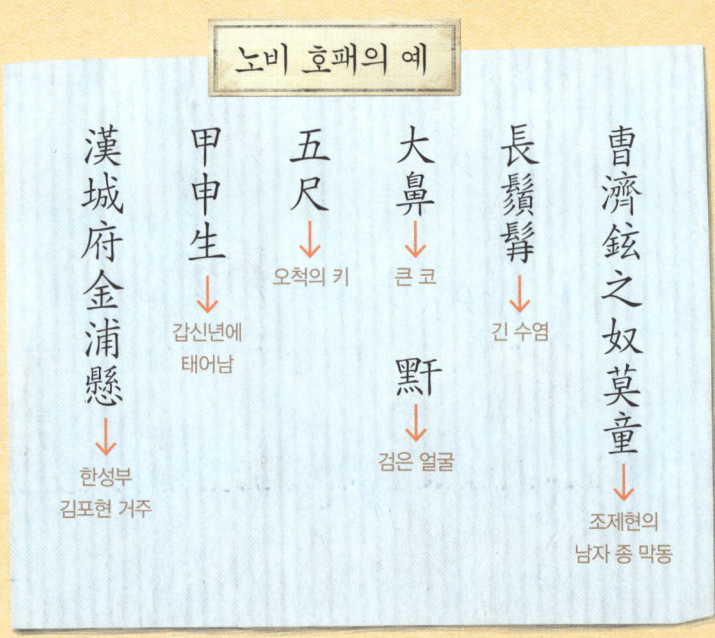

노비 호패의 예

- 曹濟鉉之奴莫童 → 조제현의 남자 종 막동
- 長鬚髥 → 긴 수염
- 大鼻 → 큰 코
- 黔 → 검은 얼굴
- 五尺 → 오척의 키
- 甲申生 → 갑신년에 태어남
- 漢城府金浦縣 → 한성부 김포현 거주

역사 공감하기

너는 어른이 되면 어떤 직업을 갖고 싶니? 세상에는 약 2만 개의 직업이 있다고 해. 직업을 선택하는 기준은 여러 가지가 있어. 돈을 많이 벌 수 있는 직업을 선택할 수도 있고, 남에게 존경받으며 명예를 얻을 수 있는 직업을 선택할 수도 있고, 다른 사람을 위해 봉사하며 보람을 느낄 수 있는 직업을 선택할 수도 있지. 또 유명인이 되어 사람들에게 사랑받는 직업을 택할 수도 있어. 자신의 적성과 맞지 않는 직업을 택해서 힘들어하는 사람도 있단다.

요즘 사람들은 교사, 의사, 연예인, 운동선수, 프로게이머, 경찰 등의 직업을 선호한다는구나. 조선 시대 사람들도 이런 직업을 좋아했을까? 꼭 그렇지는 않을 거야. 왜냐하면 조선 시대에는 신분에 따라 하는 일이 나뉘어 있었기 때문이지. 아무래도 중인이나 천민들의 일은 낮게 여기고, 양반들처럼 관리가 되는 것을 높이 평가했을 거야. 이처럼 직업에 대한 평가는 시대에 따라 다르단다.

그럼 미래에는 어떤 직업이 유망할까? 지금은 존재하지 않는 새로운 직업이 생길 수도 있을 거야. 이를테면 인공지능을 가진 로봇의 감성을 치료하는 로봇 치료사라든가 직접 비행기를 타고 그 나라에 가지 않아도 가상으로 여행할 수 있는 시스템이 생겨서 가상여행 기획자라는 직업이 생길 수도 있어. 미래에는 노인 인구가 늘어난다고 하니, 노인과 말벗이 되어 주는 일도 유망할 것 같아.

세상에는 수많은 직업이 있고, 시대에 따라 선호하는 직업도 다르지만 가장 중요한 것은 내가 좋아하고 잘할 수 있는 일을 택해서 즐겁게 할 수 있는 것이 아닐까?

06
성리학의 나라 조선

나라를 다스리는 데는 성리학이 최고지. 백성들이 충과 효를 실천하면 나라를 다스리기 참 좋을 텐데.

백성들에게 충과 효를 알릴 수 있는 좋은 방법이 없겠느냐?

백성들에게 충과 효를 알릴 수 있는 책을 만들면 어떨까요?

이야기를 실을 때 백성들이 쉽게 알 수 있도록 글과 그림을 함께 넣으면 어떨까요?

실제로 있었던 충신, 효자, 열녀 이야기를 책에 실으면 어떨까요?

생각 한 걸음

1 조선이 근본 사상으로 삼은 학문으로, 공자로부터 시작된 유교를 새롭게 해석한 학문을 무엇이라고 하나요?

2 송도삼절의 한 사람으로 '기' 철학을 주장했던 성리학자는 누구인가요?

3 퇴계 이황의 제사를 지내는 곳으로 경상북도 안동에 있는 서원의 이름은 무엇인가요?

4 이황과 같은 시대에 살았던 성리학자로, 성리학의 실천을 강조했던 사람은 누구인가요?

5 성종 때 완성된 조선 시대를 대표하는 법전은 무엇인가요?

6 삼강오륜에서 가장 중요하게 생각했던 두 가지는 무엇인가요?

생각 두 걸음

1 다음 지도와 유적을 보고 어떤 성리학자와 관련된 곳인지 이름을 쓰고, 유적을 설명해 보세요.

박연폭포(개성)
- 성리학자 : 서경덕
- 유적 설명 : 박연폭포 서경덕, 황진이와 더불어 송도삼절이라고 불린다.

오죽헌(강릉)
- 성리학자 :
- 유적 설명 :

산천재(경남 산청)
- 성리학자 :
- 유적 설명 :

도산서원(경북 안동)
- 성리학자 :
- 유적 설명 :

2 다음은 조선의 대표적인 성리학자들입니다. 다음 성리학자들의 생각을 말풍선에 써 보세요.

세상의 모든 사물은 '기'로 이루어져 있으며,

화담 서경덕

'이'란 사물의 근본 이치이며, '이'는 변함없고 고정 불변의 것이다.

퇴계 이황

성인의 뜻은 앞서간 학자들이 다 밝혀 놓았다. 그러니,

'이'와 '기'를 나누려는 사람은

남명 조식

율곡 이이

3 다음은 도산 서원입니다. 각각의 건물이 무엇을 하던 곳인지 살펴보고, 요즘의 학교와 같은 점, 다른 점을 찾아보세요.

상덕사
장판각
동광명실
전교당
하고직사
역락재
농운정사
도산서당

도산서당: 퇴계 이황이 제자들을 가르치던 곳
동광명실: 책을 보관하고, 읽는 도서관
장판각: 목판을 보관하고 책을 찍어 내던 출판소
상덕사: 퇴계 이황의 제사를 지내는 사당
전교당: 원장실과 강당
하고직사: 시설을 관리하는 노비들이 살던 곳
역락재, 농운정사: 서당 제자들을 위한 기숙사

깊이 생각하기

1 조선 시대 사람들은 충과 효를 가장 중요하게 생각했습니다. 그 이유는 무엇일까요?

2 다음 글을 읽고 《경국대전》을 만든 이유에 대해 이야기해 보세요.

- 《경국대전》은 성리학 사상을 바탕으로 조선의 상황에 맞게 만들어진 법전이다.
- 고려 시대까지는 우리나라의 상황에 맞는 법이 없어 중국 법을 많이 사용하였다.
- 《경국대전》은 정치, 경제, 사회, 문화에 대한 기본 규칙을 담은 종합적인 법전이다.
- 《경국대전》은 세조 때 만들기 시작하여 성종 때 완성하였다.
- 《경국대전》은 〈이전〉, 〈호전〉, 〈예전〉, 〈병전〉, 〈형전〉, 〈공전〉 6전으로 구성되어 있다.

3 성리학이 백성들의 생활 깊숙이 자리를 잡기까지 200여 년이 걸렸습니다. 성리학을 받아들이는 데 시간이 오래 걸린 이유는 무엇일까요?

생각 펼치기

'사단'을 주제로 편지 주고받기

조선 시대 성리학자인 이황과 기대승은 '사단 칠정론'에 대한 의견을 편지로 주고받았습니다. 사단 중에서 가장 중요하다고 생각하는 것을 골라, 이황과 기대승처럼 친구와 편지를 주고받아 보세요.

사단(四端)
측은지심 남을 불쌍히 여기는 마음
수오지심 자기의 잘못을 부끄러워하며 남의 잘못을 미워하는 마음
사양지심 양보하는 마음
시비지심 옳고 그름을 따지는 마음

내가 쓰는 편지

친구의 답장

역사와 뛰놀기

삼강오륜 쿠폰 만들기

삼강오륜은 유교에서 사람이 지켜야 할 도리를 이르는 덕목을 말합니다. 삼강오륜의 뜻을 담아 오늘날에 알맞은 쿠폰을 만들어 보세요.

방법
1. [활동 자료7] 쿠폰 용지를 오려서 준비하세요.
2. 삼강오륜 중 해당되는 항목을 쿠폰 용지의 제목 칸에 적어 넣으세요.
3. 부모님이나 친구, 형제를 위한 일을 써 보세요.
4. 쿠폰을 다 만들었으면 부모님과 친구에게 쿠폰을 전달하세요.
5. 쿠폰에 적은 일을 성의 있게 실천하세요.

삼강

군위신강
임금은 신하의 근본이요.

부위자강
어버이는 자식의 근본이요.

부위부강
남편은 아내의 근본이다.

오륜

군신유의
임금과 신하 사이에 의리가 있어야 한다.

부자유친
부모와 자식 간에 사랑이 있어야 한다.

부부유별
부부 사이에도 구별이 있어야 한다.

장유유서
어른과 아이 사이에는 순서가 있어야 한다.

붕우유신
벗과 벗 사이에는 믿음이 있어야 한다.

역사 공감하기

각 시대마다 그 시대를 사는 사람들이 중요하게 여기는 가치가 있어. 조선 시대에는 성리학을 숭상했기 때문에 정신적인 가치를 매우 중요하게 여겼단다. 물질을 추구하는 것을 부끄럽게 여기고, 도덕적 삶을 최고의 가치로 받드는 것은 분명히 조선만의 독특한 문화였어. 그런데 오늘날 우리가 사용하고 있는 지폐를 한번 볼래. 누가 그려져 있지? 조선의 대표적인 성리학자 율곡 이이와 퇴계 이황이 그려져 있네. 물질적인 가치를 가장 잘 상징하는 '돈'에 정신적인 가치를 숭상한 성리학자들이 그려져 있다니, 이거 참 묘하구나.

07
사림의 등장과 '사화'

다음 내리실 역은 사화역입니다.
갑자사화선에서 을사사화선으로 갈아타실 수 있습니다.
내리실 문은 오른쪽입니다.

4대 사화 노선도

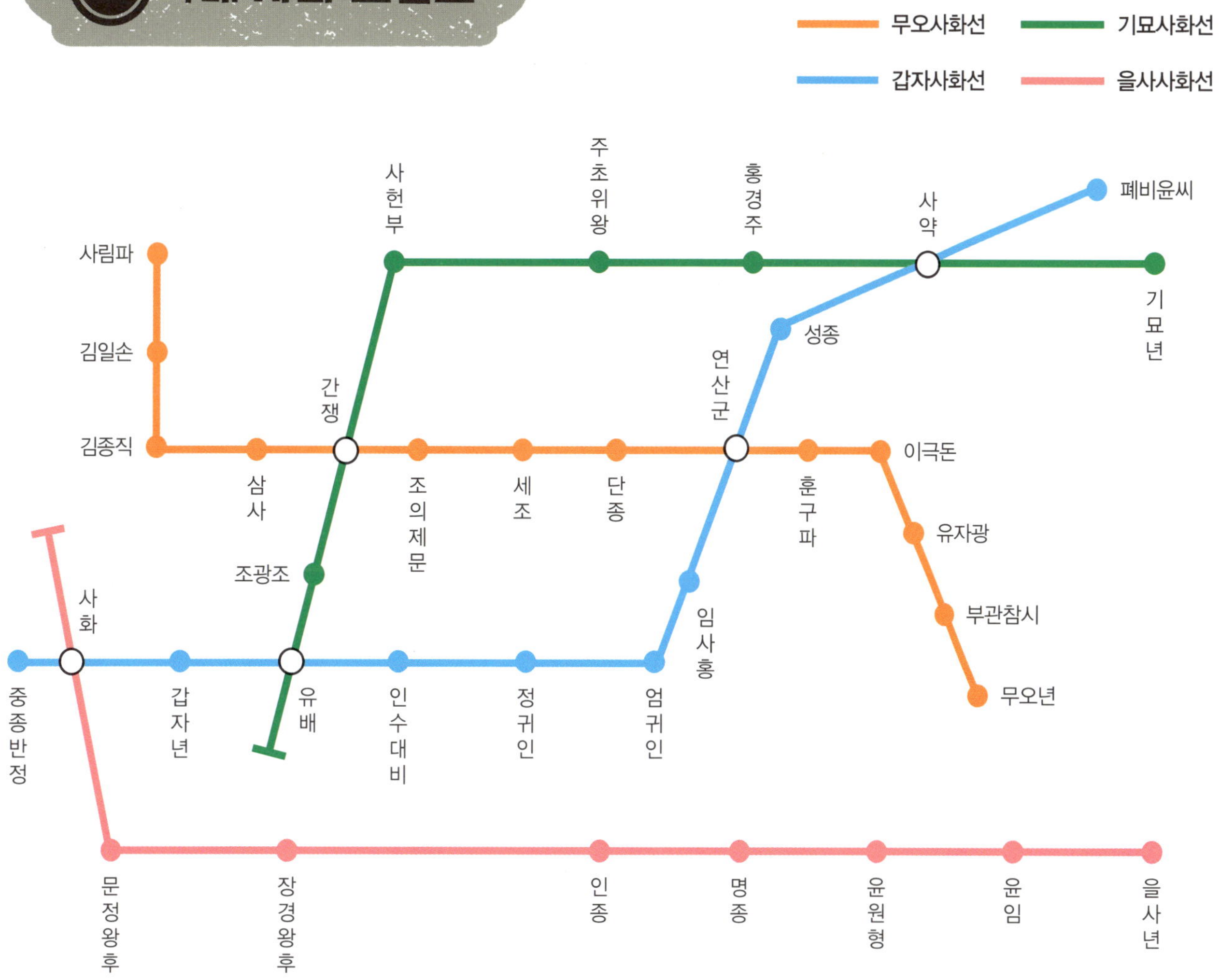

— 무오사화선   — 기묘사화선
— 갑자사화선   — 을사사화선

사림파 - 김일손 - 김종직 - 삼사 - 간쟁 - 조의제문 - 세조 - 단종 - 연산군 - 훈구파 - 이극돈 - 유자광 - 부관참시 - 무오년

사헌부 - 주초위왕 - 홍경주 - 사약 - 기묘년

조광조 - 유배

폐비윤씨 - 성종

중종반정 - 사화 - 갑자년 - 인수대비 - 정귀인 - 엄귀인 - 임사홍

문정왕후 - 장경왕후 - 인종 - 명종 - 윤원형 - 윤임 - 을사년

사화와 관련된 인물과 사건이 가득하구나.
어떤 관련이 있는지 한번 찾아보렴.

생각 한 걸음

1 조선 시대 주로 삼사에서 근무하던 젊은 관리들로, 훈구파들을 비판한 선비들을 무엇이라고 불렀나요?

2 '선비들이 화를 입었다'는 뜻으로 조선 시대 훈구파와 사림파가 벌인 한판 승부를 무엇이라고 하나요?

3 세종의 둘째 아들로 단종을 쫓아내고 왕이 된 사람은 누구인가요?

4 무오사화의 원인이 된 김종직의 글은 무엇인가요?

5 연산군을 몰아내고 중종이 즉위한 사건을 무엇이라고 부르나요?

6 공자·이황과 같은 학자들의 제사를 지낸 조선 시대 공립학교와 사립학교는 각각 무엇인가요?

생각 두 걸음

1 다음은 조선 시대 왕의 계보도 중 일부입니다.

❶ 훈구파가 등장한 시기의 왕을 찾아서 빨간색으로 동그라미 해 보세요.

❷ 무오사화, 갑자사화, 기묘사화, 을사사화와 관련된 왕의 이름 옆에 각각 사화의 이름을 써 보세요.

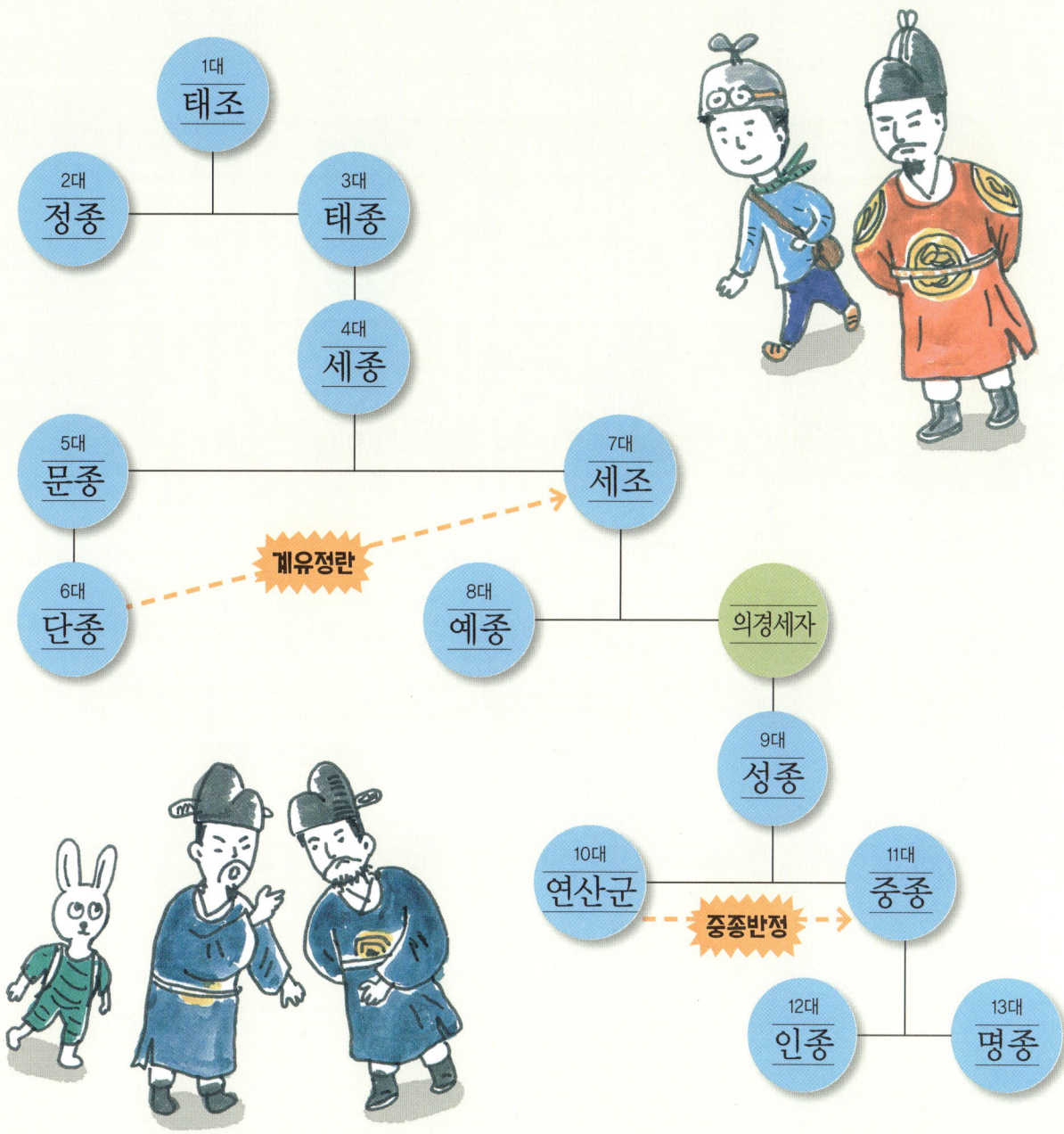

2 옛날에는 연도를 숫자가 아닌 육십갑자로 표기했습니다. 육십갑자에 대해 알아보세요.

❶ 10간의 첫 번째인 '갑'과 12지의 첫 번째인 '자'를 선으로 연결해 보세요.

❷ 10간의 두 번째인 '을'과 12지의 두 번째인 '축'을 선으로 연결해 보세요.

❸ 차례대로 10간과 12지를 다 연결한 후, 10간의 '갑'과 12지의 '술'을 선으로 연결해 보세요. 또 10간의 '을'과 12지의 '해'를 선으로 연결해 보세요.

❹ 육십갑자의 결합 방법을 생각하며 빈칸을 채워 보세요.

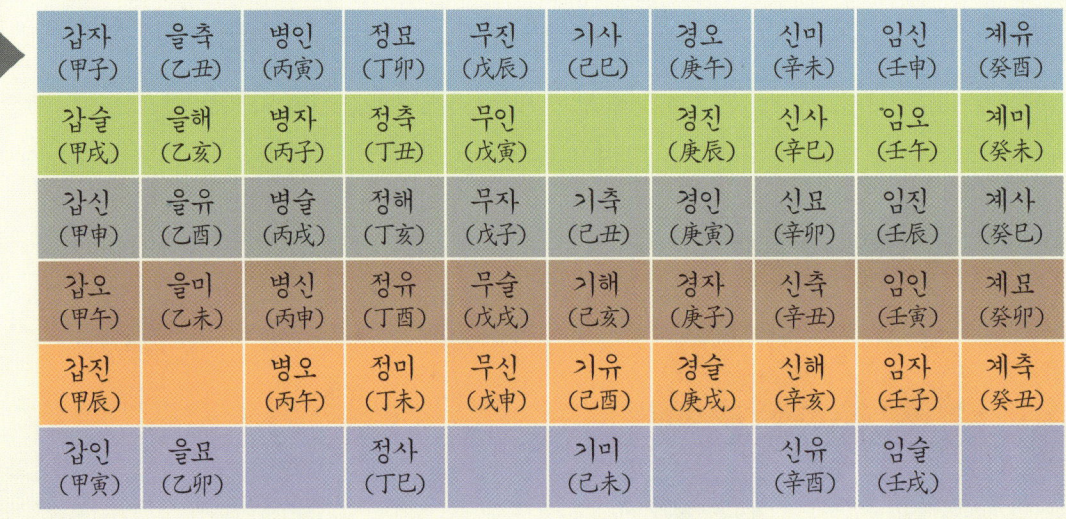

❺ 무오사화는 1498년에 일어났어요. 갑자사화는 몇 년에 일어났을까요?

3 다음은 조선 왕릉의 구조를 나타낸 그림입니다.

❶ 조선 왕릉 구조를 보고 알맞은 유물 스티커를 붙이세요.
([활동 자료2] 활용)

❷ 대부분의 왕릉은 한양의 사대문에서 100리 안에 있다고 합니다. 그 이유는 무엇일까요?

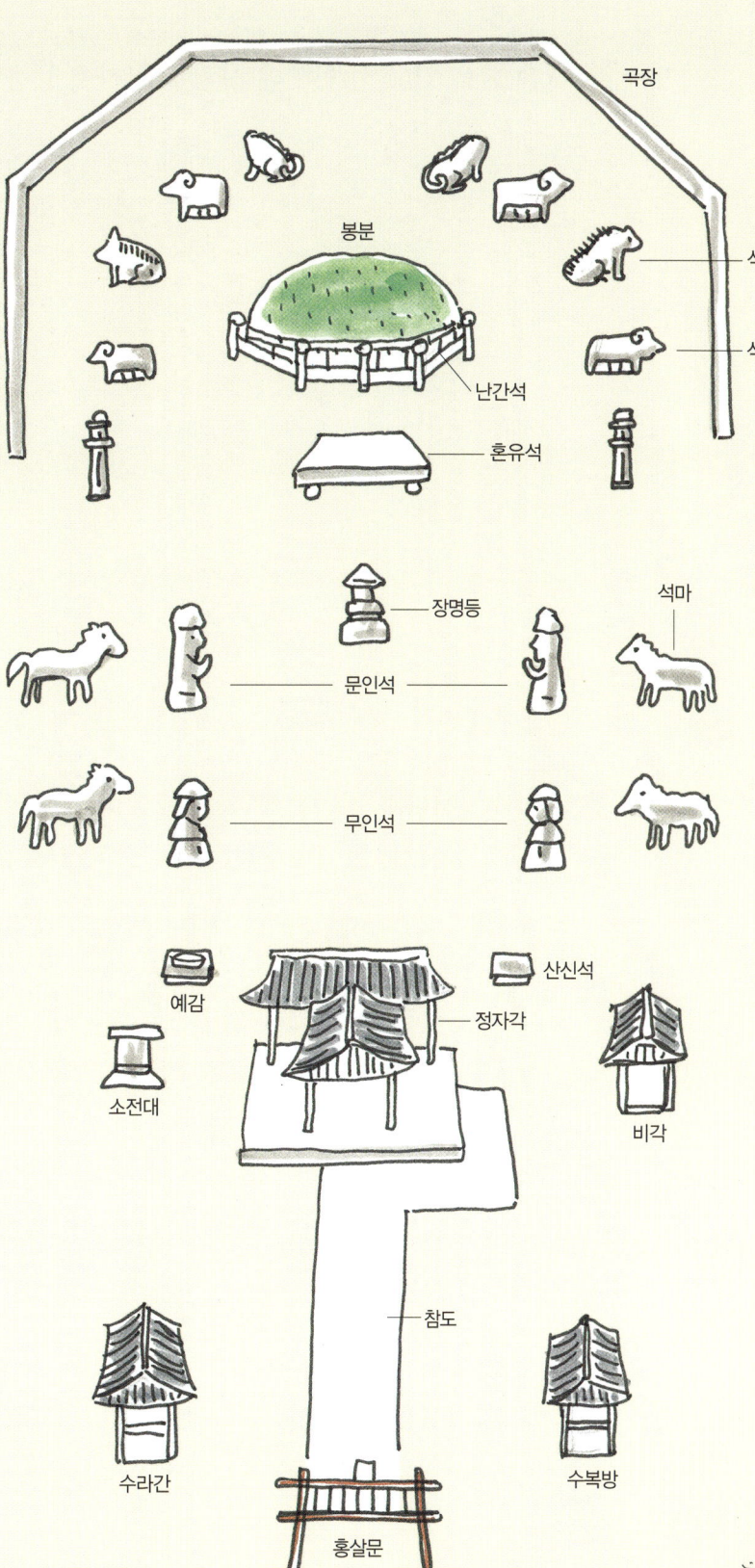

석호, 석양
신성한 동물인 호랑이와 양이 한 마리씩 번갈아가며 봉분을 등지고 서서 봉분을 지킨다.

혼유석
'영혼이 나와서 놀도록 하는 돌'이라는 뜻이다. 혼유석을 받치는 돌에 귀신 얼굴 모양을 새겼다.

장명등
불을 밝혀서 나쁜 기운을 물리친다.

무인석, 문인석
무인석과 문인석은 각각 무인과 문인을 상징한다. 무인석은 아래쪽에, 문인석은 위쪽에 있다.

석마
무인석과 문인석 뒤에 말이 한 마리씩 있다.

참도
왼쪽의 높은 길은 선왕의 영혼이 걸어가는 신도, 오른쪽의 낮은 길은 현재의 왕이 걸어가는 어도이다.

홍살문
신과 인간의 경계를 나타내는 문으로, 홍살문 안쪽이 신성한 곳임을 나타낸다.

깊이 생각하기

1 다음 글을 읽고 성종이 왜 사림을 삼사에 등용했는지 생각해 보세요.

> **훈구파** 수양 대군(세조)이 왕이 될 수 있도록 도와준 사람들로 많은 재물과 권력을 차지하고 막대한 세력을 가진 나이 든 공신들이다. 이들은 권력을 세습하고, 대토지와 많은 노비를 소유하며 경제적으로도 풍요로웠다. 또 왕실과 결혼 관계를 맺어 외척으로 막강한 지위를 누렸다.
>
> **사림파** 훈구파와 대립한 정치 세력으로서, 과거 시험을 거쳐 관직에 진출하여 주로 삼사에서 일했으며, 주희의 성리학을 중시했다.
>
> **삼사** 조선 시대 언론을 담당한 기관으로 사간원, 사헌부, 홍문관을 말한다. 삼사에서는 왕과 관리들의 잘잘못을 가리고 충고하는 일을 맡았다.

2 '사화'란 사림파 선비들이 화를 입었다는 뜻입니다. 조선 시대에 일어난 '사화'를 대신할 새로운 이름을 만들고 그 이유를 설명해 보세요.

3 연산군부터 명종 때까지 일어난 네 번의 사화는 사림파의 패배로 끝났으나 이후 조선의 정치는 사림파가 독차지했습니다. 사림파가 최후의 승자가 될 수 있었던 이유는 무엇일까요?

생각 펼치기

✏️ 4대 사화로 촌극 대본 쓰기

촌극은 아주 짧은 연극을 말합니다. 조선 시대 4대 사화 중 하나를 선택하여 아래 예를 참고해서 촌극 대본을 써 보세요. 역사와 뛰놀기 와 이어집니다.

	무오사화	갑자사화	기묘사화	을사사화
주요 등장 인물	연산군 김일손 이극돈 유자광	연산군 임사홍 엄귀인 정귀인 인수대비	중종 조광조 홍경주 희빈 홍씨	명종 문정 왕후 윤원형 윤임

을사사화 촌극 대본 예

명종: (긴장된 목소리로) 이제부터 내가 조선의 왕이다. 그러나 내가 너무 어려 정치를 모르니 당분간 내 어머니께 정치를 맡기겠다.

문정 왕후: (인자한 목소리로) 주상, 이제 걱정은 놓으시고 이 어미만 믿으시면 됩니다.

윤임: (억울하고 분한 목소리로 작게) 우리 인종께서는 왜 이리 일찍 승하하셨을꼬…. 이제 우리는 어찌 되는 것인가? 아, 분하고 애통하구나. 흑흑흑.

문정 왕후의 처소에서 윤원형과 문정 왕후가 비밀스럽게 이야기를 하고 있다.

윤원형: 대비마마, 윤임은 선왕 전하께서 환후에 계시는 동안 자신들의 권력을 지키기 위해 지금 임금이 되신 경원 대군마마가 아닌 다른 인물을 왕위에 올리려는 역모를 꾸몄다고 합니다. 어찌 이런 엄청난 역모를 꾸밀 수 있을 수 있단 말입니까!

문정 왕후: (깜짝 놀라며) 그 소문이 사실이란 말입니까? 이런 죽일 놈들. (회심의 미소를 지으며) 왕권의 지엄함을 보여 줄 때가 왔습니다. 이참에 장경 왕후와 인종의 편에 섰던 무리를 모조리 없애 버립시다. 당장 윤임과 관련된 자들을 모조리 잡아들이세요!

윤원형: (비열한 웃음을 띠며) 네네, 역시 마마이십니다!! 허허허~

윤임과 관련된 여러 선비들이 끌려와 국문을 받고 있다.

윤임: (울며 호소하며) 마마, 이는 모함입니다. 결코 그런 역모는 없었습니다. 엉엉엉.

윤원형: (목소리를 높이며) 어서 사실을 말씀드려라! 어느 안전이라고 거짓을 말하느냐!

문정 왕후: (낮고 단호한 목소리로) 저 놈이 아직도 죄를 뉘우치지 못하고 있구나. 저자와 여기 있는 반역자들을 당장 귀양 보내거라!

명종: (숨어서 국문 장면을 보다가 무서움에 떨며) 아, 무섭다…. 정치란 이런 것이구나.

역사와 뛰놀기

인형극 해 보기

손가락 인형으로 등장인물을 만들고, 내가 쓴 촌극 대본으로 인형극을 해 보세요.

준비물
손가락 인형 본([활동 자료8] 활용), 사인펜, 풀

방법
1. [활동 자료8] 손가락 인형 본에 등장인물의 얼굴을 그리세요.
   (등장인물 수에 맞춰 미리 준비하세요.)
2. 대본에 따라 직접 인형극을 해 보세요.

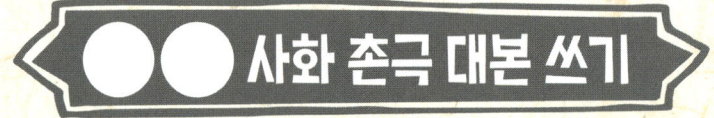

●● 사화 촌극 대본 쓰기

역사 공감하기

'제주도'를 생각하면 뭐가 떠오르니?

푸른 바다, 귤, 휴가, 한라산, 말, 올레길, 바람, 돌, 비행기….

모두 즐거운 기억이구나. 하지만 조선 시대에 제주도는 드센 바람과 변덕스러운 날씨로 농사짓기 어렵고, 육지와 멀어 물자를 얻기도 힘들어서 현지인들조차 살기 힘든 섬이었단다. 그리고 제주도는 악명 높은 유배지였어. 유배란 죄지은 사람을 먼 곳으로 보내어 살게 하는 형벌이야. 다른 말로 '귀양'이라고도 해.

제주도는 한양에서 멀리 떨어져 있고, 섬이라 도망가기도 어려워서 유배지로 적합했지. 조선 시대에 제주도로 유배 간 '김정'이란 사람이 있었어. '김정'은 조광조와 함께 개혁을 주도했던 세력 중 한 사람으로, 기묘사화에 연루되어 제주도로 유배를 가게 되었지.

제주도로 가는 길은 매우 험난했단다. 거친 파도와 바람 때문에 도착하기도 전에 죽음을 당하는 경우도 많았다고 해. 유배지에 도착하면 현대의 감옥과 같은 곳에 사는 것이 아니라, 마을의 주민 집에 얹혀살았어. 다행히 부잣집에서 살게 되면 그나마 밥이라도 굶지 않고 먹을 수 있었지만, 가난한 집에 살게 되면, 그야말로 천덕꾸러기가 되었지.

'김정'은 어떻게 되었을까? 제주의 모습을 글로 적어 가족에게 보내기도 하고, 낚시하며 시간을 보내기도 했다는 걸 보면, 그렇게 어렵게 지내지는 않은 것 같아. 하지만 제주로 유배 간 지 1년여 만에 결국 사약을 받고 생을 마감했단다. 다음의 시는 유배를 떠난 김정이 제주도에 도착하기 직전, 진도에서 지은 거야. 그때 그의 마음이 어땠는지 조금은 알 수 있을 것 같구나.

> 바닷가는 언제나 음산하고
> 황량한 마을엔 종일토록 바람이 분다.
> 봄을 아는지 꽃은 절로 피고
> 밤이 되면 달은 허공에 떠오르네.
> 저 멀리 고향 생각
> 남은 생을 외딴 섬에서 마치겠구나.
> 하늘이 운수를 정해 놓았으니
> 길이 막혔다 울어본들 무엇하리요.
>
> 하정승 역

08
조선 시대 사람들의 의식주

설날
음력 1월 1일

설빔 입기.
가래떡으로 떡국 끓여 먹기.
조상님께 차례 지내기.

단오
음력 5월 5일

수리취떡 먹기
여자는 그네, 남자는 씨름
단오선(부채) 선물하기

추석
음력 8월 15일

송편 먹기
조상님께 차례 지내기
강강술래, 줄다리기하기

동지
음력 11월 중순(양력 12월 22일경)

한해 중 밤이 가장 긴 날
팥죽 먹기
달력 선물하기

1년 열두 달 우리 조상님들 바쁘게 사셨네.

생각 한 걸음

1 조선 시대에 들어와서 입게 된 옷으로, 길이가 허리 위까지 올라오고 허리띠 대신에 옷고름을 단 윗옷의 이름은 무엇인가요?

2 양반 여성은 외출할 때 무엇으로 얼굴을 가리고 다녔나요?

3 머리 모양을 꾸미는 데 사용했던 물건으로 조선 시대 여성이면 누구나 갖고 싶어 한 것은 무엇인가요?

4 조선 시대 남자들은 어떤 옷으로 신분을 구별했나요?

5 다른 나라와 비교할 때 우리나라 식생활에서 가장 특이한 점은 무엇을 사용하는 것인가요?

6 조선 시대 양반의 집에는 사랑채, 안채, 행랑채가 있었습니다. 세 곳에는 각각 누가 살았나요?

생각 두 걸음

1 다음은 조선 시대 사람들이 먹던 상차림입니다. 스티커를 이용해 7첩 반상을 차려 보세요. ([활동 자료3] 활용)

반상이란 밥과 반찬을 함께 차리는 상차림으로, 반찬 수에 따라 3·5·7·9·12첩으로 구분된다. 첩은 접시라는 뜻으로, 기본 음식 외에 접시에 담은 반찬이 첩 수에 들어간다. 수라상은 12첩, 양반집은 9첩이 최고의 상차림이다.

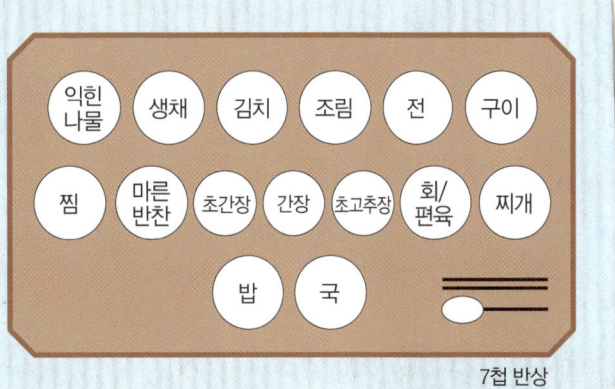

7첩 반상

2 다음은 조선 시대에 글씨와 그림으로 유명했던 김정희가 살았던 집입니다.

❶ 사랑채에서 지붕이 벽 바깥으로 튀어나온 처마를 찾아 동그라미 해 보세요. 처마를 깊게 만든 이유는 무엇일까요?

❷ 안채에서 방문을 접어 올린 분합문을 찾아 동그라미 해 보세요. 분합문을 사용하면 어떤 장점이 있을까요?

❸ 사당에서는 무엇을 했을까요?

❹ 솟을대문은 무엇을 상징할까요?

사랑채

사당채

안채

솟을대문과 행랑채

3 다음은 조선 시대 만들어진 도자기입니다. 감상해 보고 느낀 점을 자유롭게 이야기해 보세요.

분청사기

청자와 백자 사이에 만들어진 도자기로 흰 흙을 덧칠하고 그 위에 유약을 입힌 도자기

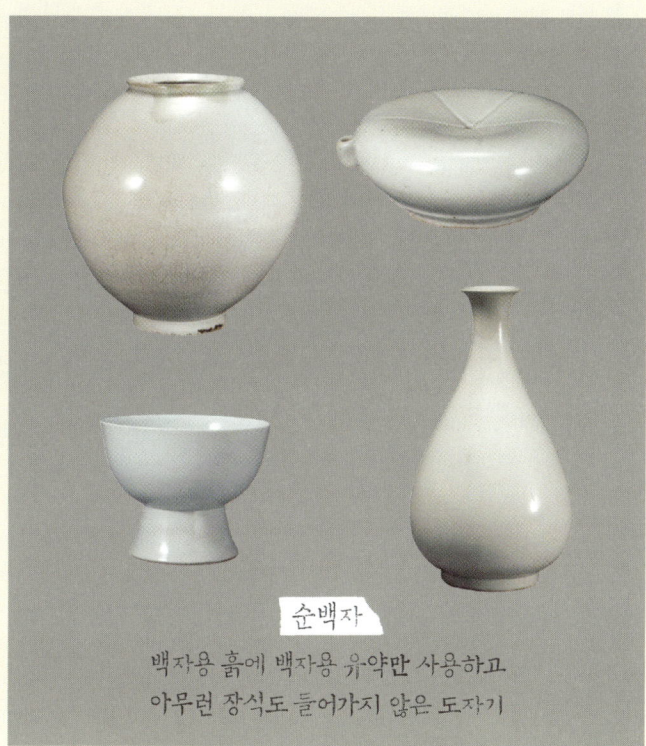

순백자

백자용 흙에 백자용 유약만 사용하고 아무런 장식도 들어가지 않은 도자기

청화백자

백자 표면에 청색 안료로 무늬를 그려 넣고 유약을 입힌 도자기

철화백자

백자 표면에 철분이 들어간 갈색 안료로 무늬를 그려 넣고 유약을 입힌 도자기

깊이 생각하기

1 조선 시대에 신분에 따라 옷차림이 달랐던 이유는 무엇일까요?

2 다음 글을 보고 식생활이 변화하는 이유에 대해 이야기해 보세요.

> - 조선 시대에는 보통 아침과 저녁 두 끼를 먹었다. 하루해가 긴 여름에는 간단한 점심을 포함하여 세 끼를 먹었다.
> - 16세기 이후 새로운 음식인 고추, 옥수수, 고구마, 감자 등이 우리나라에 들어왔다.
> - 조선 시대에는 밥을 먹을 때 말 없이 먹는 것이 예의 바른 행동이었지만 지금은 정답게 이야기를 나누며 먹는 것이 더 즐겁다고 생각한다.

3 우리의 전통 가옥인 한옥은 여러 가지 장점을 가지고 있습니다. 내가 생각하는 한옥의 장점을 써 보세요.

내가 살고 싶은 집 상상해서 글쓰기

내가 살고 싶은 집을 상상해서 자세하게 써 보세요.

조선 시대 관리 이유태가 꿈꾼 집

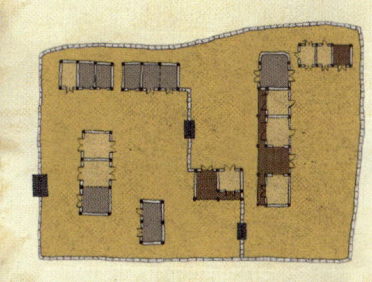

"먼저 기와집 5칸을 짓는다. 1칸은 아들이나 딸에게 주고, 1칸은 마루방으로 만들어 물건들을 넣어 두고, 2칸은 침실, 나머지 1칸은 부엌으로 쓴다. (중략) 사랑채 옆에 마구간이 필요하다. 사랑채에서 북쪽 창문을 열고 바라볼 수 있는 자리에 있으면 좋다. (중략) 사랑채 옆에 공부방이 있으면 좋겠다. 아이들이 글 읽는 장소로 쓴다."

역사와 뛰놀기

고누 놀이 하기

우리 민속놀이 중 많은 사람이 즐겨했던 고누 놀이를 해 보세요.

준비물
종이, 연필, 게임 말(바둑돌, 지우개 등)

고누 놀이는 주로 땅이나 종이 위에 다양한 모양의 말판을 그려 놓고 말을 움직여서 상대편을 잡거나 가두는 것으로 승부를 겨루는 민속놀이이다. 고누라는 이름은 '견주다' 혹은 '겨누다'라는 옛말에서 유래했다고 한다.

놀이 방법

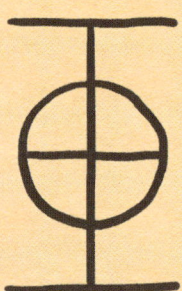
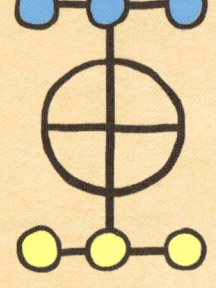
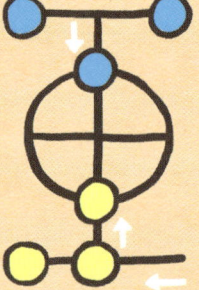
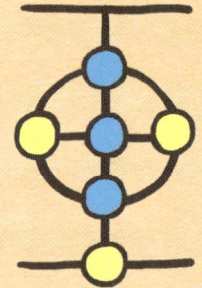

① 종이에 말판을 그리세요.

② 말판 위에 말을 3개씩 놓으세요.
③ 가위, 바위, 보로 순서를 정하세요.

④ 선을 따라 번갈아 말을 하나씩 움직이세요.
⑤ 집에서 나온 말은 다시 돌아갈 수 없고, 상대편의 집으로 들어갈 수 없어요.
⑥ 가운데 원 부분에서는 자유롭게 움직일 수 있어요.

⑦ 말을 번갈아 두다가 상대방 말을 한쪽에 몰아넣고 더 이상 움직일 수 없도록 길을 막으면 이겨요.

역사 공감하기

무제
김삿갓

다리 넷인 소반에 죽 한 그릇만 댕그러니 놓였는데
죽이 하도 묽어 하늘과 구름 그림자가 비쳐 있구려.
허나 주인이여 무안해할 것 없소이다.
멀건 죽에 거꾸로 비쳐 오는 청산을 나는 사랑한다오.

이 시는 조선 시대 방랑시인인 김삿갓이 어느 가난한 집에 들러 죽 한 그릇을 얻어먹고 지은 시라고 전해지고 있어. 형편이 어려웠던 집주인은 손님 대접을 제대로 못해서 죄송하고 무안했나 봐. 그러자 김삿갓은 죽 그릇에 비친 하늘과 구름을 사랑한다는 말로 집주인을 위로해 주었대.
김삿갓은 거들먹거리는 못된 양반들을 풍자하고 조롱하기로 유명했지만, 가난하고 착한 백성들에게는 한없이 다정했나 봐.
없는 살림이지만 손님에게 멀건 죽이라도 정성스레 내놓는 주인,
멀건 죽일지언정 진심으로
고마워하는 손님의 모습이
눈앞에 그려지는 듯해.
이 시를 읽고 조선 시대
사람들의 생활과 품성을 느낄 수
있었으면 좋겠구나.

09 조선 시대의 신문과 책

조선 시대에 책 구하기는 하늘의 별 따기

과거 시험에 합격해서 문관이 되어라!

잘나가는 친구가 있으면 선물로 받아라! 백 년에 한 번 될까 말까~

돈이 많다면 돈을 내고 사라! 그런데 비싸다. 파는 곳도 없다.

나라에서 운영하는 교서관에 부탁하라!

이도 저도 안 되면 직접 써라!

생각 한 걸음

1 '조정의 소식'이라는 뜻을 가진 조선 시대 신문의 이름은 무엇인가요?

2 조보를 만드는 일을 맡아 한 곳은 어디인가요?

3 조보가 발표되는 곳은 어디인가요?

4 조선 시대 책을 만드는 관청으로, 나라에서 운영하는 출판사·인쇄소·서점의 역할을 하던 곳은 어디인가요?

5 한 왕이 다스리던 때 일어난 주요 사건들을 순서대로 기록한 역사책을 무엇이라고 하나요?

6 실록을 만드는 기초 자료로 사관이 조정에서 매일 일어나는 일들을 기록해 놓은 것을 무엇이라고 하나요?

생각 두 걸음

1 다음은 《조선왕조실록》을 편찬하는 과정입니다.

❶ 각 과정에 알맞은 이름을 찾아 써 보세요.

보기 초초 사초 세초 중초·정초

㉠ 사관이 왕과 신하의 대화를 기록한다.

㉡ 왕이 세상을 떠나면 춘추관에서 사관이 보관하던 기록과 각 관청의 기록들, 조보, 개인의 일기 등을 모아 실록의 초고를 쓴다.

㉢ 실록의 초고를 수정하여 수정본을 만들고, 다시 한 번 고쳐서 완성본을 만든다.

㉣ 실록을 만드는 데 사용한 사초 등 각종 자료들을 모두 물로 씻는다.

❷ 《조선왕조실록》을 만들 때 왜 여러 단계를 거쳤을까요?

2 다음은 《조선왕조실록》을 보관한 조선 후기 사고의 위치를 나타내는 지도입니다.

❶ 《조선왕조실록》은 여러 질을 만들어 춘추관 외 여러 곳에 보관했습니다. 왜 그랬을까요?
❷ 사고 주변에는 사찰이 있습니다. 사고 근처에 사찰이 있는 이유를 이야기해 보세요.

3 다음은 조선 시대 선비들이 사용한 물건입니다.

❶ '문방사우'는 학문을 하는 선비가 늘 다루는 네 가지 물건을 친구라고 표현한 말입니다. '문방사우'를 찾아 동그라미 해 보세요.

❷ 선비들이 네 가지 물건을 친구라고 부른 이유는 무엇일까요?

휴식용 나무 베개
먹통
먹
연적
팔걸이
종이
붓
종이 담아 놓는 통
종이를 누르던 문진
매화 해 달 무늬 벼루
서안
서견대(독서대)
책함

깊이 생각하기

1 조선 시대에는 신문과 책을 많이 만들지 않아서 돈을 주고도 사기 힘든 경우가 많았습니다. 나라에서는 왜 신문과 책을 대량 생산하려 하지 않았을까요?

2 다음 글을 읽고 《조선왕조실록》이 조선의 왕과 신하들에게 어떤 영향을 미쳤을지 생각해 보세요.

- 조선 태조부터 철종까지 472년 동안 일어난 주요 사건들을 각 왕별로 기록했다.
- 조선 시대의 정치, 경제, 사회, 문화 등 각 분야의 역사를 기록했다.
- 새 왕이 즉위하면 전 왕의 실록을 만들었다.
- 사관은 왕의 행동과 말, 실수까지도 그대로 적었고, 왕이 유교의 윤리에 맞게 정치를 하는지를 판단해 적었다.
- 왕과 신하들도 개인적으로 볼 수 없었으며, 오직 나라를 다스리는 데 참고 자료로만 활용되었다.
- 실록은 당대 정치의 잘잘못과 신하들의 거짓된 행동 등을 사실대로 기록했다.

3 조선 시대 사람들은 왜 《조선왕조실록》, 《의궤》, 《승정원일기》와 같은 다양한 기록을 남겼을까요?

의궤 (2007년 6월 세계 기록 유산 지정)
조선 시대 왕실의 혼사, 장례, 잔치 등 왕실과 국가의 중요한 행사 내용을 기록한 것으로, 비슷한 행사를 할 때 참고할 수 있도록 했다. 필요한 경우 그림을 함께 그려 이해를 도왔다. 현재 국내에 남아 있는 의궤는 17세기에서 20세기 초에 만든 의궤로 4,100여 책이 있다.

승정원일기 (2001년 9월 세계 기록 유산 지정)
조선 시대 왕의 비서실 역할을 한 승정원에서 매일매일 있었던 일을 기록해 놓은 일지이다. 매일 날짜와 날씨, 근무한 사람의 이름을 기록했다. 또 왕이 하루 동안 한 일, 그날의 국정(각 기관에서 올린 문서, 그에 대한 왕의 처결, 상소문 등)이 자세하게 기록되었다. 현재 남아 있는 《승정원일기》는 1623년(인조 1년)부터 1910년(순종 4년) 8월까지의 기록으로 3,245책 약 2억 3천만 자에 달한다.

정보화 시대의 장점과 단점 쓰기

조선 시대에는 높은 신분의 사람들만 정보를 얻을 수 있었습니다. 하지만 오늘날은 정보가 넘쳐 나고 많은 사람이 쉽게 정보를 얻을 수 있습니다. 정보화 시대의 장점과 단점에 관해 써 보세요.

역사와 뛰놀기

책가도 만들기

조선 시대에는 열심히 공부하라는 의미로 책가도를 방에 두었습니다. 내가 공부할 때 사용하는 물건들로 책가도를 만들어 보세요.

준비물
사인펜, 색연필, 책가도를 그릴 종이, 두꺼운 종이, 띠 골판지, 가위, 풀

책가도는 책, 필통, 붓, 연적, 도자기, 화병 등 선비와 어울리는 것을 그린 그림을 말한다. 열심히 공부하라는 의미로 방에 두었다. 책가도는 병풍으로 만들어지기도 했다.

만드는 방법

① 종이에 책가도를 그리세요.

② 두꺼운 종이를 책가도를 그린 종이보다 조금 더 큰 크기로 잘라요.

③ 두꺼운 종이에 책가도를 그린 종이를 붙이세요.

④ 두꺼운 종이의 가장자리 부분에 띠 골판지를 붙이면 완성.

역사 공감하기

미래에는 어떤 신문을 보게 될까?

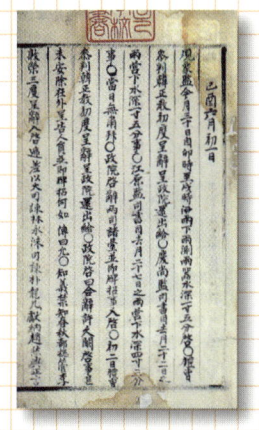

1520년 조보(朝報)

문헌에 기록된 우리나라 최초의 신문

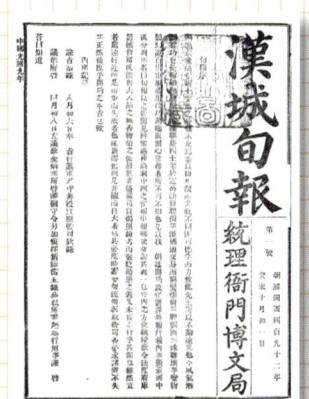

1883년 한성순보

최초의 근대 신문. 외국 사상과 근대 사상을 알림

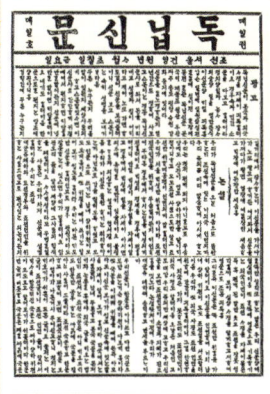

1896년 독립신문

최초의 민간 신문. 한글 사용, 띄어쓰기, 영문판 발행

1988년 한글 신문

한글 전용, 가로쓰기 사용

1995년 인터넷 신문

국내 최초 인터넷으로 신문 기사 서비스

현재 모바일 신문

스마트 폰을 이용한 모바일 뉴스 서비스

10 조선의 3대 도적

세계의 유명 도적

로빈 후드

- 시대 : 12세기
- 국적 : 영국
- 문학 작품 제목과 내용 :
《로빈 후드의 즐거운 모험》
활솜씨가 뛰어난 로빈 후드는 리틀 존 등 140여 명의 무법자들을 모아 영주나 성직자들의 돈을 빼앗아 가난한 사람들을 도와주었다.

송강

- 시대 : 12세기
- 국적 : 남송
- 문학 작품 제목과 내용 :
《수호지》
의협심이 강했던 송강은 양산박에 모인 107명의 도적들과 함께 부패한 관리들을 혼내 주고 고난을 이겨 냈다.

홍길동

- 시대 : 16세기
- 국적 : 조선
- 문학 작품과 내용 :
《홍길동전》
도술이 뛰어난 홍길동은 활빈당 도적들을 이끌고 팔도 수령이 부당하게 모은 재물을 빼앗아 가난한 백성들에게 나누어 주었다.

세 사람은 어떤 공통점과 차이점이 있을까?

생각 한 걸음

1 홍길동, 임꺽정, 장길산을 조선의 3대 도적이라고 기록한 이익의 책 이름은 무엇인가요?

2 조선 시대에 《홍길동전》을 처음 썼다고 알려진 사람은 누구인가요?

3 고리백정 출신으로 탐욕스런 관리나 양반의 재물을 빼앗았던 명종 때의 도적은 누구인가요?

4 조선 시대에 임꺽정, 장길산이 주로 활동했던 지역은 어디인가요?

5 조선의 3대 도적 중에서 유일하게 잡히지 않은 사람은 누구인가요?

6 황해도에 도적이 많았던 이유는 무엇인가요?

생각 두걸음

1 다음은 조선 시대 천민이 하는 일을 나타낸 그림입니다.

❶ 조선 시대 천민들이 어떤 일을 했는지 이야기해 보세요.
❷ 조선의 3대 도적과 관계있는 그림에 동그라미 해 보세요.
❸ 조선 시대 사람들은 천민들이 하는 일에 대해 어떻게 생각했을까요?

광대

무당

망나니

백정

고리백정

노비

갓바치

뱃사공

상여꾼

2 다음을 보고 홍길동과 관련된 것은 '홍', 임꺽정과 관련된 것은 '임', 장길산과 관련된 것은 '장'이라고 동그라미 안에 써 보세요.

칠장사

허균 생가

고석정

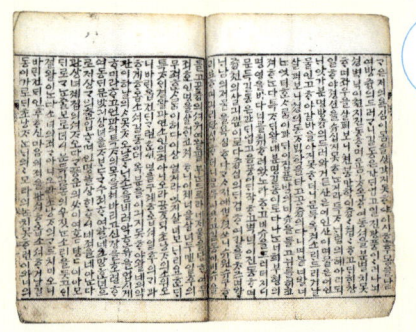
〈홍길동전〉

황석영

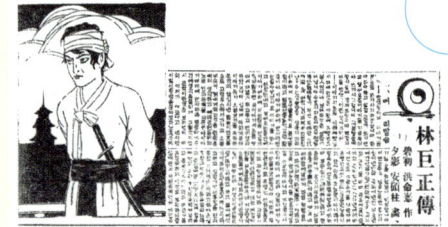
1928년 11월 21일부터 1939년 3월 11일까지 〈조선일보〉 연재

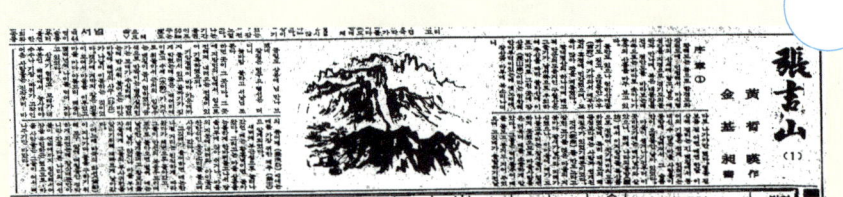
1974년 7월 11일부터 1984년 7월 5일까지 〈한국일보〉 연재

홍명희

3 다음은 조선의 3대 도적을 비교한 표입니다.

❶ 표의 빈 곳에 알맞은 말을 써 보세요.

❷ 소설 《홍길동전》, 《장길산》, 《임꺽정》의 내용을 읽고 실제 인물과 선으로 연결해 보세요.

	홍길동	임꺽정	장길산
시대 배경	1500년경 ( )	1559년(명종)	1690년경 ( )
신분	알 수 없음		
주요 활동지	충청도		황해도 구월산
한 일	백성을 괴롭히는 관리들을 혼내 줌.		
최후		임꺽정의 참모였던 서림의 배신으로 토벌대에게 잡혀 죽음.	

㉠
○○은 눈을 지그시 감고 주문을 외워 허수아비에 생명을 불어넣기 시작하였다. 그러자 허수아비들이 하나 둘, 팔과 다리를 꼼지락거리다가 벌떡 일어서는 것이 아닌가!
"히야!"
멀뚱이 지켜보던 활빈당이 일제히 탄성을 질렀다. ○○이 여덟 개의 허수아비와 뒤섞여 팔뚝을 뽐내며 장난을 치는데 도대체 누가 진짜인지 감쪽같았다.

㉡
무릎을 얻어맞고 깡충 뛰는 놈, 마빡이 터지는 놈, 등줄기를 맞고 앞으로 꼬라박는 놈 등등으로 갑송이의 무지막한 기세에 소 건너는 웅덩이에 하루살이 흩어지듯했다. 서슬들은 제법 퍼렇더니 여남은 명의 장정들이 제대로 싸워보지도 못하고 우 몰려서 술청 쪽으로 쫓겨갔고, ○○이네는 대로에 서서 껄껄댔다. ○○이가 술청 앞을 가로막고 웃어젖혔다.
"어육이 되나 보다 했더니 싱겁기는 꼭 고드름장아찌로구나. 별것도 아닌 놈들이 미꾸리만 처먹었느냐. 혓바닥만 살아가지구."

㉢
○○이가 부젓가락을 방바닥에 빼놓으며 곧 두 손으로 화롯전을 잡더니 양쪽에서 안으로 오그리는데 그 유착한 청동화로를 해박쪼가리같이 오그려놓았다. (중략) 털보가 청동화로 오그려놓는 것을 보고 혀들을 홰홰 내둘렀다. 젊은 한량이 허우대 큰 사람에게 '자네도 저렇게 오그릴 수 있겠나?'
하는 뜻을 눈으로 물으니 그 사람은 고개를 바로 끄덕이지도 않고 가로 흔들지도 않고 한옆으로 비틀어 꽂았다.

깊이 생각하기

1 조선 시대에 홍길동, 임꺽정, 장길산 같은 큰 도적이 있었던 이유는 무엇일까요?

2 '도적', '의적'이라 불리던 이들에 대한 조선 사람들의 다양한 생각입니다. 사람들이 서로 다른 생각을 한 이유는 무엇일까요?

- 의적이면 어떻고, 도적이면 어때, 우린 우리를 구해 줄 수 있는 사람을 기다릴 뿐이라고.
- 백성을 위해서 도적을 잡는다고? 누가 제거해야 할 악인지 모르겠네.

- 백성들이 도적이 된 것은 정치가 잘못된 것이지 그들의 죄가 아니오.
- 도적을 잡는 것은 백성을 위해서 악을 제거하는 것이오. 모두 다 잡아 뿌리를 뽑아야 하오.

3 홍길동, 임꺽정, 장길산의 이야기는 책, 드라마, 영화 등으로 계속 만들어지고 있습니다. 그 이유는 무엇일까요?

생각 펼치기

 주장하는 글쓰기

주제에 대한 내 주장을 정하고 근거를 간단하게 정리해 보세요. 그리고 정리한 내용을 바탕으로 주장하는 글을 써 보세요.

> **근거는** 내 주장이 옳다는 것을 뒷받침하는 알맞은 증거이다. 근거를 들 때에는 과학적 사실, 역사적 사실, 전문가의 의견 등을 참고할 수 있다.

주제: 양반이나 부자의 재산을 훔쳐 가난한 백성을 도와주는 것은 옳은 행동인가?

내 주장:

근거 쓰기: ①
　　　　　　 ②
　　　　　　 ③

역사와 뛰놀기

미로 찾기

조선 시대 3대 도적에 대한 O, X 퀴즈를 풀면서 미로에서 탈출해 보세요.

역사 공감하기

조선 시대에는 누가 도적을 잡았을까?

저는 조선 시대 최초의 포도장(포도대장) 이양생이라고 합니다. 원래 서자 출신이었지만 무술을 익혀 공을 세웠고 나중에는 도적들을 잡는 포도대장까지 되었답니다. 저는 높은 관직을 원하지 않습니다. 제가 바라는 것은 도적들을 잡아서 백성들이 편안하게 생활하는 것입니다.

한양을 비롯한 수도권에서는 포도청, 지방에서는 토포사에서 도적을 잡았단다. 포도청에서 가장 높은 사람은 포도대장이야. 포도대장은 막강한 군사력을 갖고 있었기 때문에 혹시 반란을 일으킬 수도 있어서 왕이 깊이 신임하는 사람을 임명했단다.

막강한 힘을 가진 포도대장의 행동은 백성들의 삶에 큰 영향을 미쳤어. 만약 포도대장이 뇌물을 받고 부정을 저지르는 사람이라면 백성들의 생활은 힘들어질 수밖에 없겠지? 죄 지은 사람이 벌을 받지 않고 풀려나거나, 죄 없는 사람이 벌을 받는 일이 생길 수 있을 테니 말이야.

그렇지만 이양생처럼 백성들을 위해 일하는 포도대장이라면 백성들은 걱정 없이 마음 편하게 살 수 있었을 거야. 이양생 같은 관리만 있었다면 홍길동, 임꺽정, 장길산 같은 도적은 아마 생겨나지 않았을지 몰라.

11 임진왜란이 터지다

조선의 평화 그래프

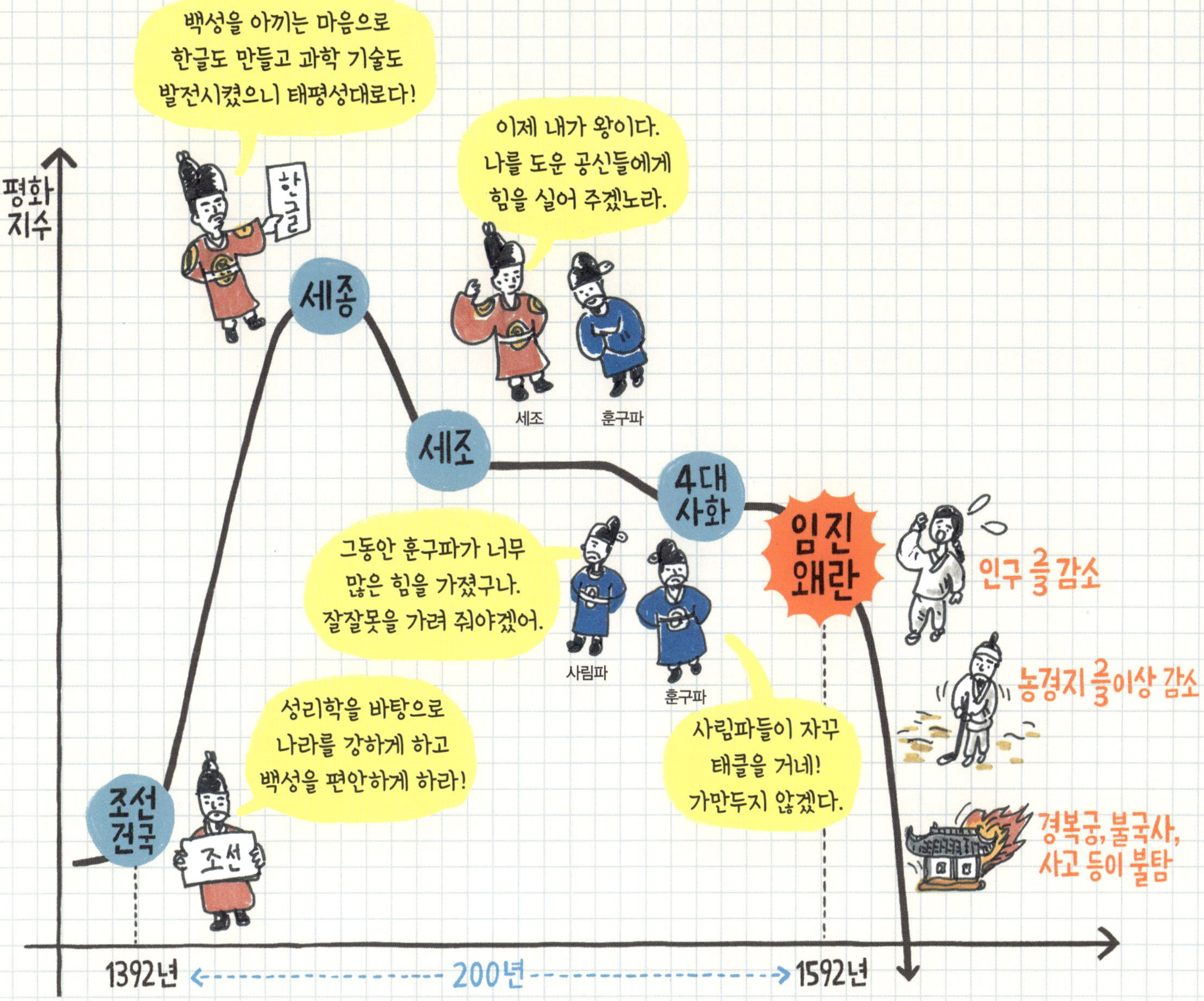

조선이 건국된 지 꼭 200년 만에 몰아닥친 위기!
7년에 걸친 일본과의 전쟁!
조선은 이 어려움을 어떻게 극복했을까?

생각 한 걸음

1 분열됐던 일본을 통일하고 임진왜란을 일으킨 사람은 누구인가요?

2 전쟁이 일어났을 때, 백성들이 자발적으로 만든 군대를 무엇이라고 하나요?

3 이순신 장군이 한산도 대첩에서 학이 날개를 펼친 듯한 형태로 적을 포위하여 공격한 전법을 무엇이라고 하나요?

4 임진왜란 3대 대첩 중의 하나로, 권율이 지휘하여 크게 이긴 싸움은 무엇인가요?

5 임진왜란 이후에 잠시 물러갔던 일본이 조선으로 다시 침입해서 일으킨 전쟁을 무엇이라고 하나요?

6 왜란을 '도자기 전쟁'이라고도 하는 이유는 무엇인가요?

생각 두 걸음

1 다음은 왜란과 관련된 지도입니다.

❶ 왜군이 침입한 길을 보라색으로 그려 보세요.
❷ 명군이 들어온 길을 파란색으로 그려 보세요.
❸ 행주 대첩, 명량 대첩, 진주 대첩, 한산도 대첩이 일어난 지역을 찾아 빨간색으로 동그라미를 해 보세요.
❹ 지도를 보고 알 수 있는 것을 이야기해 보세요.

2 다음은 이순신과 관계있는 사람들입니다.

❶ 인물과 관련된 스티커를 알맞은 곳에 붙여 보세요. ([활동 자료4] 활용)

❷ 그림을 보고 이야기를 나누어 보세요.

이봉수
화약을 만들어 이순신이 왜군을 물리치는 데 큰 도움을 줌.

유성룡
선조 때 영의정까지 오른 명재상. 임진왜란 전에 이순신을 천거하였고 이순신이 위기에 처할 때마다 도와줌.

여영담
물길 전문가로 옥포, 합포, 당항포 해전의 승리에 큰 역할을 함.

정사준
임진왜란이 일어나자 스스로 이순신의 군사가 됨. 소형 대포인 승자총통과 조총을 절충한 정철총통을 만듦.

정걸
판옥선을 만듦. 70세가 넘는 나이에도 불구하고 옥포 해전, 한산도 대첩에 참여해 큰 공을 세움.

나대용
배 만드는 실력이 뛰어나 거북선을 설계하고 만드는 데 참여함. 임진왜란 때 여러 해전에서 공을 세움.

이순신

3 다음은 왜란 후 조선과 일본의 외교를 담당했던 조선 통신사에 관한 내용입니다.

❶ 다음 지도는 조선 통신사의 기본 이동로입니다. 지도에서 조선 통신사가 육지로 이동한 길을 초록색으로, 바다로 이동한 길을 빨간색으로 화살표를 따라 그려보세요.

❷ 당시 일본 사람들은 조선 통신사의 모습을 보고 어떤 생각을 했을까요?

조선 통신사 행렬
왜란으로 외교 관계를 끊었던 조선과 일본은 왜란이 끝난 뒤 다시 국교를 회복하여 서로 외교 사절을 주고받았다. 조선 통신사는 조선이 일본에 보낸 외교 사절로서 수백 명으로 이루어졌으며, 조선 통신사가 일본의 수도 에도에 도착하기까지 약 6개월에서 1년이 걸렸고, 일본은 조선 통신사를 극진하게 대접하였다.

깊이 생각하기

1 임진왜란 초기에 조선이 일본에게 고전했던 이유는 무엇일까요?

> • 조선은 일본에 통신사 파견 후, 일본이 조선을 침략하지 않을 것이라는 판단을 내렸다.
> • 조선은 개국 이후에 200년 동안 평화가 지속되었다.
> • 일본은 오랜 세월 동안 내전을 거쳐서, 도요토미 히데요시가 전국을 통일하였다.
> • 일본은 포르투갈에서 조총을 수입하여 자체 제작을 했고, 조총부대를 앞세워 조선에 쳐들어왔다.

2 조선이 왜란으로부터 나라를 지켜낼 수 있었던 이유는 무엇이라고 생각하나요?

3 7년에 걸친 왜란은 조선과 중국, 일본에 어떤 영향을 미쳤을까요?

조선	중국(명)	일본(왜)

생각 펼치기

 도공들의 삶 상상해서 쓰기

왜란 때 많은 도자기 기술자들이 일본으로 끌려갔습니다. 그들이 일본에서 어떤 삶을 살았을지 다음 글을 읽고 상상해서 써 보세요.

사쓰마 도자기

> 왜란 때 끌려간 조선의 도자기 기술자들에 의해서 일본의 도자기 기술은 크게 발전했다.
>
> 이삼평: 아리타 도자기를 만들어 낸 조선의 도공이다. 이삼평이 처음 도자기를 굽기 시작한 아리타 지역에서는 그를 도자기 신으로 모시는 도조제를 매년 열고 있다.
>
> 심당길: 사쓰마 도자기를 만들어 낸 조선의 도공이다. 심당길과 조선 도공이 사는 마을에서는 단군에게 제사를 지내고 한복을 입고 조선말을 하며 살았다고 한다. 심당길은 일본 왕실의 도자기를 만드는 도자기처의 책임자가 되었고, 그의 후손들은 현재까지 도자기 기술을 이어오고 있다.

왜란 때 일본으로 끌려간 도공 _____ 의 이야기

역사와 뛰놀기

새로운 전술 만들기

다음 전술을 참고해서 나만의 새로운 전술을 만들어 보세요.

준비물
전술 놀이판, 배 모양 딱지
([활동 자료9] 활용)

방법
1. [활동 자료9]의 배 모양 딱지를 오려 준비하세요.
2. 우리 편의 배(판옥선, 거북선)와 적군의 배(안택선)를 구분하세요.
3. 전술 놀이판에 배들을 배치하면서 새로운 전술을 생각해 보세요.

왜란 때 조선 수군이 사용한 전술

학익진
학이 날개를 펴듯 적을 둘러싸서 공격하는 전술이다.

일자진
일자모형으로 좌우로 길게 늘어서서 공격하는 전술이다.

첨자찰진
끝이 뾰족한 갑옷 미늘 모양으로 공격하는 전술이다.

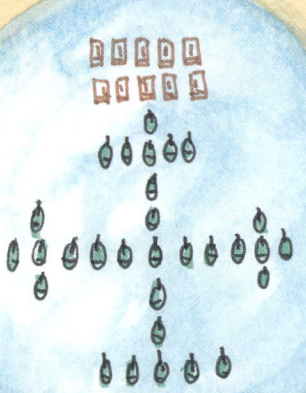

역사 공감하기

일기 없는 세상에서 살고 싶다고? 매일매일 특별한 일도 별로 없는데 일기를 쓰려니 지겹고 힘들지? 그런데 이순신은 네가 그렇게 쓰기 싫어하는 일기를 전쟁 중에도 썼단다. 바로 《난중일기》야. '전쟁 중에 쓴 일기'라는 뜻이지.

이순신을 생각하면 뭐가 떠오르니? 용맹스런 장군? 충성심 강한 충신? 그런데 이순신도 누군가의 아들, 남편, 아버지였단다. 《난중일기》의 다음 대목을 보면 장군 이순신이 아닌, 인간 이순신을 느낄 수 있어.

> **갑오년 1월 11일:** 흐리되 비가 오지 않았다. 아침에 어머님을 뵙기 위해 배를 타고 곧바로 고음내에 닿았다. (중략) 어머님께 가니 아직 주무시고 계셨다. 웅성거리는 바람에 놀라 깨셨다. 기운이 가물가물해 앞이 얼마 남지 않으신 듯하니 애달픈 눈물만 흘릴 뿐이다. 그러나 말씀하시는 데 착오는 없으셨다. 적을 토벌할 일이 급해서 오래 머물지 못했다.
>
> **갑오년 8월 30일:** (상략) 이날 아침에 탐후선이 들어왔는데 아내의 병세가 매우 위중하다는 것이다. 벌써 생사가 바뀌었는지도 모를 일이다. 그렇지만 나랏일이 이에 이르렀으니, 어찌 다른 일에까지 생각이 미칠 수 있으랴. 아들 셋, 딸 하나가 어떻게 살아갈 것인가. 마음이 아프고 괴롭다.
>
> **정유년 10월 14일:** (상략) 면의 전사를 알고, 간담이 떨어져 목 놓아 통곡했다. 하늘이 어찌 이다지도 인자하지 못하신고. 간담이 타고 찢어지는 듯하다. 네가 죽고 내가 사는 것이 이치에 마땅하거늘, 네가 죽고 내가 살았으니, 이런 어긋난 일이 어디 있을 것이냐. 천지가 캄캄하고 해조차도 그 빛이 변했구나. 슬프고 슬프도다. 내 아들아, 나를 버리고 어디로 갔느냐.

《난중일기》는 2013년에 유네스코 세계 기록 유산으로 지정되었어.
오늘 일기는 뭘 쓸까 벌써 고민이라고? 혹시 또 아니?
네가 나중에 엄청나게 훌륭한 사람이 돼서
미래에는 네 일기가 세계 기록 유산이 될지.

12 청나라의 침입, '호란'

17세기 남한산성

인조가 남한산성을 피난처로 삼고 들어왔던 문이자,
삼전도로 항복하러 나갔던 문

청량산 정상에 자리 잡은 지휘 본부

조용하던 남한산성 안은 한 치도 양보 없는 말싸움으로 아수라장이었고,
성 밖은 청나라 군사들의 말 발자국 소리로 아수라장이었다.
1636년, 남한산성에선 무슨 일이 일어난 걸까?

생각 한 걸음

1 병자호란 때 인조와 신하들이 피신했던 곳은 어디인가요?

2 중국에서 신하가 황제를 만날 때 하는 인사법으로, 인조가 항복의 뜻으로 했던 절은 무엇인가요?

3 명나라와 청나라 어느 쪽에도 치우치지 않는 '중립 외교'를 택했던 왕은 누구인가요?

4 서인들이 광해군을 쫓아내고 새 왕 인조를 즉위시킨 사건을 무엇이라고 하나요?

5 '존명배청'을 설명해 보세요.

6 남한산성에서 청나라 군대와 싸우자고 주장한 사람들과 강화를 맺자고 한 사람들을 각각 무엇이라고 하나요?

생각 두걸음

1 다음은 호란 당시 청의 침략 지도입니다.

❶ 병자호란 당시 인조와 신하들이 피난을 갔던 곳에 동그라미 하세요.
❷ 청나라가 조선을 두 번이나 침략한 이유는 무엇일까요?

2 다음은 광해군과 인조에 관련된 유물과 유적입니다.

❶ 광해군과 관계있는 것을 찾아 파란색으로 동그라미 하고, 역사적 사실을 이야기해 보세요.
❷ 인조와 관계있는 것을 찾아 빨간색으로 동그라미 하고, 역사적 사실을 이야기해 보세요.
❸ 삼전도비를 보존해야 하는 이유는 무엇일까요?

강홍립의 항복 그림

삼전도비

남한산성

광해군 묘

인조 장릉

3   다음은 조선 시대 왕의 계보도 중 일부입니다.

❶ 임진왜란·정유재란과 관련된 왕의 이름 옆에 '왜란'이라고 써 보세요.

❷ 정묘호란·병자호란과 관련된 왕의 이름 옆에 '호란'이라고 써 보세요.

❸ 광해군과 연산군은 왕이었지만 묘호를 받지 못했습니다. 그 이유는 무엇일까요?

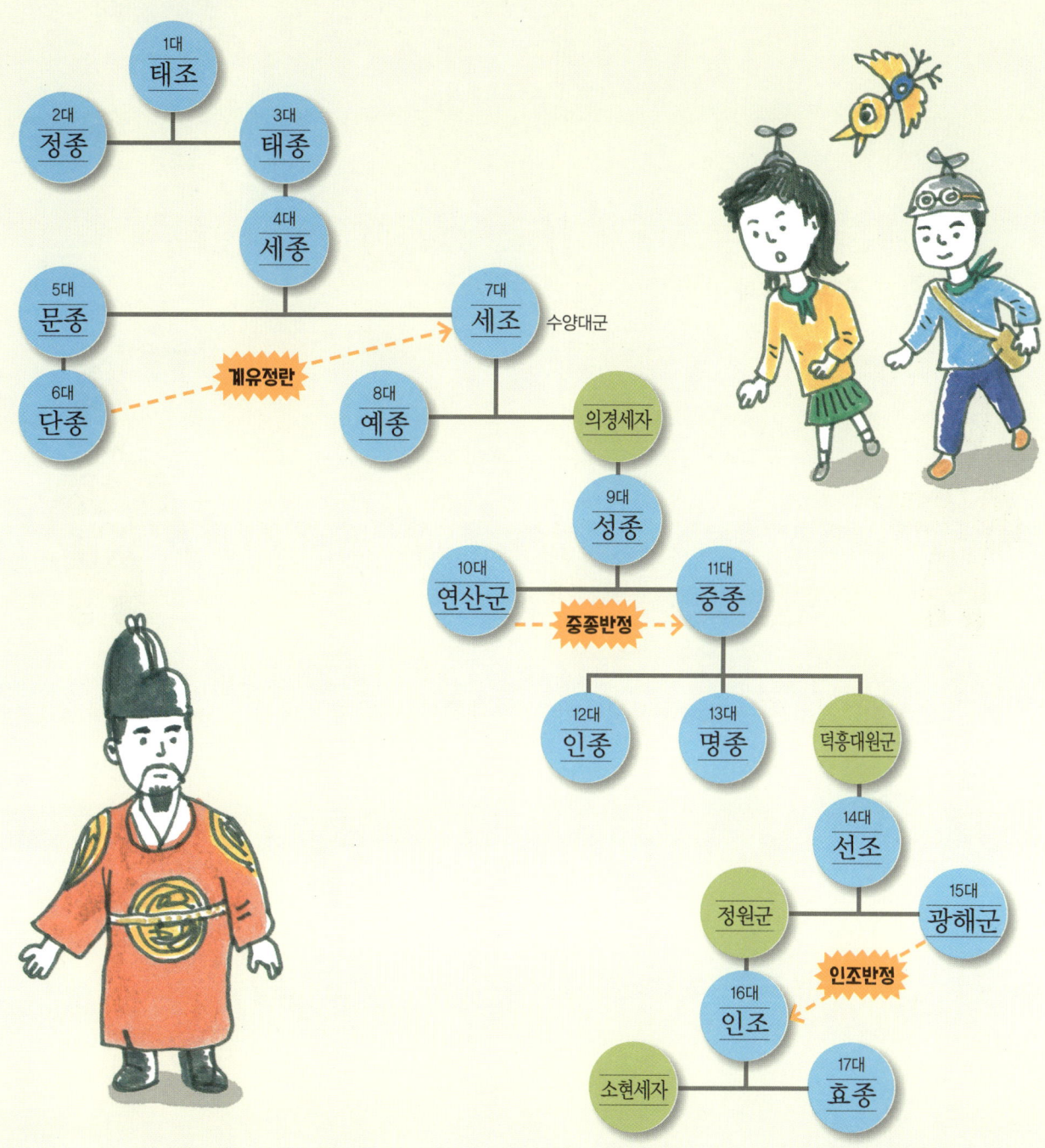

깊이 생각하기

1 조선 시대에는 왜란과 호란이라는 큰 전쟁이 일어났습니다. 두 전쟁의 차이점은 무엇일까요?

2 광해군과 인조는 서로 다른 외교 정책을 펼쳤습니다. 광해군과 인조가 되어 외교 정책에 대해 써 보세요.

광해군

인조

3 외교 정책에서 중요하게 생각해야 하는 것은 무엇인지 자유롭게 이야기해 보세요.

'삼배구고두' 일기 쓰기

인조가 청나라 황제에게 '삼배구고두'를 한 날, 삼전나루에서 이 장면을 지켜본 신하가 되어 일기를 써 보세요.

> 인조는 1637년 1월 30일 추운 겨울날, 소현 세자와 신하 500명을 데리고 피신해 있던 남한산성에서 나와 청나라 황제가 기다리는 삼전나루에 도착했다. 청나라 황제는 계단이 아홉 개나 설치된 높은 단 위에 앉아 있었다. 인조는 백 걸음 걸어가 계단 밑에 엎드렸다. 그리고 항복의 뜻으로 한 번 절할 때마다 세 번씩 이마를 땅에 대는 행동을 세 차례 했다. 이로써 조선은 청나라의 신하가 되었다.

제목 :   날씨 :

역사와 뛰놀기

조선 왕 이름 대기 게임

조선을 다스렸던 스물일곱 명의 왕 이름으로 게임을 해 보세요.

게임 방법

1. 가위 바위 보로 게임 순서를 정하세요.
2. 이긴 사람이 먼저 왕 계보도의 순서대로 왕의 이름을 말하세요. (한 명에서 세 명까지 자유롭게 말할 수 있어요.)
3. 다음 사람도 세 명 이하의 왕 이름을 말하세요.
4. 순서대로 왕의 이름을 말하다가 '인조'의 이름을 말하게 되는 사람이 집니다.

★ '인조' 대신 다른 왕의 이름으로 바꾸어서 게임을 진행해도 좋습니다.
★ 왕의 이름을 외워서 게임을 진행해도 좋습니다.

왕의 계보도

1대	2대	3대	4대	5대	6대	7대	8대	9대	10대	11대	12대	13대	14대	15대	16대	17대	18대	19대	20대	21대	22대	23대	24대	25대	26대	27대
태조	정종	태종	세종	문종	단종	세조	예종	성종	연산군	중종	인종	명종	선조	광해군	인조	효종	현종	숙종	경종	영조	정조	순조	헌종	철종	고종	순종

조선의 왕 이름 쉽게 외우는 방법

동요 〈산토끼〉 노래에 조선 왕의 이름을 붙여서 불러 보세요.

산~토끼	토끼야	어~디를	가느냐
태~정태세	문단세	예~성연중	인명선

깡충깡충	뛰면서	어~디를	가느냐
광인효현	숙경영	정~순헌	철고순

역사 공감하기

추운 겨울밤 호~호~ 불어 가며 먹는 고구마 정말 맛있지? 지금은 흔한 고구마가 우리나라에 들어온 건 불과 200여 년 전이란다. 지금은 고구마를 별미로 또는 건강식으로 즐겨 먹지만 고구마가 처음 들어왔을 때는 백성들의 배고픔을 달래 주는 귀한 식량으로 쓰였어.

영조 때 일본에 통신사로 갔던 조엄은 처음 본 고구마에 대해 이렇게 적었어.

> 이 섬에 먹을 수 있는 풀뿌리가 있는데 감저 또는 효자마라 부른다. 왜음으로 고귀마라 하는 이것은 생김새가 산약과 같고 무뿌리와도 같으며 오이나 토란과도 같아 그 모양이 일정하지 않다. (중략) 그것은 생으로 먹을 수도 있고 구워서도 먹으며 삶아서 먹을 수도 있었다. 곡식과 섞어 죽을 쑤어도 되고 썰어서 정과로 써도 된다. 떡을 만들거나 밥에 섞거나 되지 않는 것이 없으니 흉년을 지낼 밑천으로 좋을 듯하였다. (중략) 이것들을 과연 다 살려서 우리나라에 널리 퍼뜨리기를 문익점이 목화를 퍼뜨린 듯한다면 어찌 우리 백성에게 큰 도움이 아니겠는가.

《해사일기》 1763년 6월 18일

조엄은 원래 백성들이 굶주리는 것을 무척 안타까워했나 봐. 그러니 고구마를 보자마자 백성들이 흉년에 배를 채우는 데 도움이 될 거라는 생각을 먼저 했겠지. 당시 조선의 백성들은 흉년이 들거나 보릿고개가 닥치면 배고픔을 달래려고 들로 산으로 먹을 것을 찾아다녔단다.

산에 있는 소나무의 껍질까지 벗겨 배를 채웠다니 상상이 가니? 조엄은 처음 본 고구마를 백성들을 위한 귀한 먹을거리로 여겼고, 조선으로 돌아올 때 고구마 종자와 재배법을 함께 가져왔단다.

그후 여러 번의 실패 끝에 고구마의 재배에 성공했어. 그리고 마침내 전국으로 퍼져 나간 고구마는 백성들의 굶주림을 해결해 주는 고마운 음식이 되었단다.

13
당쟁은 왜 일어났을까?

생각 한 걸음

1. 사화를 겪으며 권력을 잡게 된 사림파가 그 후 자기들끼리 편을 갈라 서로 경쟁한 것을 무엇이라고 하나요?

2. 조선 시대 당쟁은 어느 왕 때 시작되었나요?

3. 조선 시대 수많은 당파 중 가장 세력이 컸던 '남인, 북인, 노론, 소론'을 가리켜 무엇이라고 부르나요?

4. 관리의 임명을 맡아보던 자리로, 당쟁의 발단이 된 직책의 이름은 무엇인가요?

5. 서인과 남인의 당쟁에 휘말려 사약을 받고 죽게 된 숙종의 후궁은 누구인가요?

6. 영조와 정조가 당쟁을 없애려고 시행한 정책은 무엇인가요?

생각 두걸음

1 다음은 당파의 모습을 나타낸 그림입니다.

❶ 빈칸에 '사색당파'의 알맞은 이름을 써 보세요.
❷ 왜 이렇게 여러 당파로 나뉘었을까요?

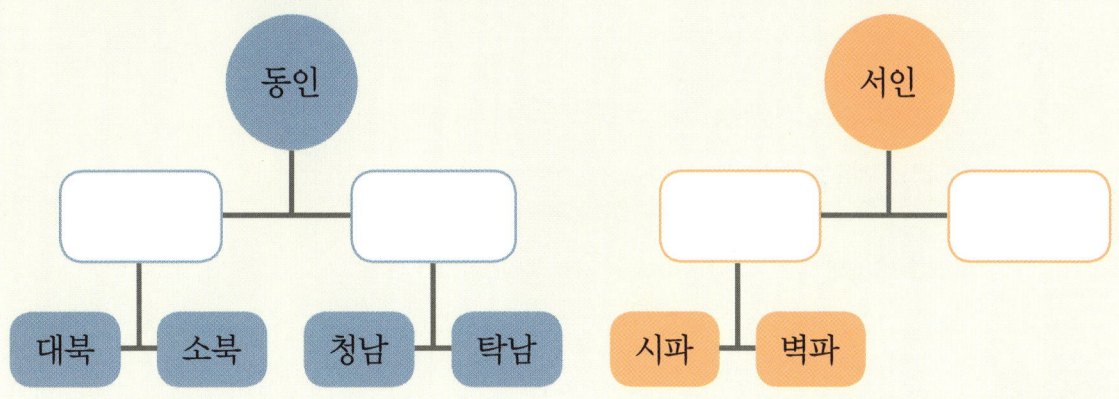

★이 외에도 여러 당파가 있었습니다.

2 다음은 소현 세자가 청나라에서 접한 새로운 문물입니다.

❶ 소현 세자는 이러한 문물을 처음 접했을 때 어떤 생각을 했을까요?
❷ 소현 세자가 청나라 문물을 가져왔을 때 인조가 좋아하지 않았던 이유는 무엇일까요?

《천주실의》　십자고상　안경　천리경　놋쇠 지구의　자명종

3 다음은 선조에서 영조까지 조선의 정치 흐름입니다.

❶ 당쟁이 처음 시작 된 사건을 찾아 동그라미 해 보세요.
❷ 다른 시대보다 정권이 자주 바뀐 시대는 언제인지 찾아 그때 왕의 이름에 동그라미 해 보세요.

선조
- ◀ **1575년 이조 전랑 추천 문제** : 사림파가 동인과 서인으로 나뉘어 대립.
- ◀ **1585년 정여립 역모 사건** : 정여립이 속한 동인들이 대거 쫓겨나고 서인이 정권 잡음
  동인이 북인과 남인으로 분열
- ◀ **1592~1598년 왜란** : 초기에는 유성룡을 중심으로 남인이 정권 잡음
  후기에는 북인이 정권을 잡음. 그러나 대북과 소북으로 분열
- ◀ **1608년 광해군 즉위** : 왜란 중 광해군을 도운 대북 중심으로 대북이 정권 잡음

광해군

인조
- ◀ **1623년 인조반정** : 인조의 즉위를 도운 서인이 정권 잡음

효종
- ◀ **1659년 1차 예송** : 효종이 죽고 인조의 계비인 자의대비가
  상복을 얼마나 입어야 하는가의 문제로
  서인과 남인 대립. 서인이 정권을 잡음

현종

> **예송논쟁** : 효종과 효종 비가 죽자, 인조의 계비인 자의대비가 상복을 몇 년이나 입어야 하는지에 대한 논쟁이다. 성리학에 대한 사상적 대립이며, 권력을 잡기 위한 논쟁이었다.

숙종
- ◀ **1674년 2차 예송** : 효종 비 인선 왕후가 죽자 자의대비가 상복을
  얼마나 입어야 하는가의 문제로 서인과 남인 대립. 남인이 정권을 잡음
  이 과정에서 남인이 청남과 탁남으로 분열
- ◀ **1680년 경신환국** : 남인의 역모로 서인이 정권 잡음. 서인이 노론과 소론으로 분열
- ◀ **1689년 기사환국** : 희빈 장씨에게서 태어난 원자를 세자로 책봉하는 문제에 반대한 서인을 몰아내고
  남인이 정권 잡음
- ◀ **1694년 갑술환국** : 인현 왕후를 복위시키는 것에 반대한 남인을 몰아내고 노론과 소론이 정권 잡음

경종

영조
- ◀ **1742년 탕평비 설치**

깊이 생각하기

1 숙종 시대에는 갑작스런 정권 교체가 여러 번 있었습니다. 집권 세력이 이렇게 자주 바뀌게 된 이유는 무엇일까요?

2 영조는 탕평비를 만들어 성균관 입구에 세웠습니다. 왜 이곳에 탕평비를 세웠을까요?

3 조선 후기 붕당 정치에 대한 다양한 의견입니다. 여러분은 조선 후기 정치에 대해 어떻게 생각하는지 자유롭게 이야기해 보세요.

군자의 당이라면 많을수록 좋은 것이고, 소인의 당이라면 하나라도 있으면 안 된다.

율곡 이이

붕당은 이해관계를 놓고 싸우는 데에서 시작된다. 관직 수는 적은데 양반은 많기 때문에 붕당이 생기는 것이다.

성호 이익

파를 나눠 정치를 하는 것은 다른 나라에서도 쉽게 볼 수 있어. 서로 경쟁을 하다 보면 발전할 수도 있어.

조선은 당쟁 때문에 망할 수밖에 없는 나라였어.

생각 펼치기

✏️ 당쟁을 해결하기 위한 상소 쓰기

조선 후기 유생이 되어 당쟁을 해결할 방법이 담긴 상소를 써 보세요.

> 상소는 신하가 왕에게 자신의 의견을 알리는 글이다. 관직에 있는 관리들은 주언이나 장계를 통해 왕에게 자신의 의견을 알릴 수 있었지만 유생들은 직접 왕에게 의견을 알릴 기회가 없었다. 그런 유생들을 위해 마련한 제도가 상소이다.
> 상소는 성균관 유생이 올리는 관소와 지방 향교나 서원 등의 유생들이 올리는 유소가 있다. 이와 같은 상소는 승정원을 거쳐 국왕에게 전해졌고, 특히 성균관 유생이 올린 상소는 왕이 직접 답변을 하였다. 유생들은 가끔 힘을 모아 함께 상소를 만들기도 했는데, 만 명의 유생이 참여해 쓴 상소를 '만인소'라고 한다. 이 만인소는 바로 왕에게 전달될 정도로 강력한 힘을 갖고 있었다.

⭐ 당쟁의 문제점을 간단하게 정리해 보세요.

_____

⭐ 당쟁을 해결할 수 있는 방법을 몇 가지 제안해 보세요.

_____

★ 앞에서 정리한 내용을 바탕으로 상소를 써 보세요.

역사와 뛰놀기

당쟁 보드게임하기

보드게임을 하면서 당쟁에 관해서 알아보세요.

준비물
게임 말, 주사위

게임 방법
1. 가위, 바위, 보를 해서 순서를 정합니다.
2. 주사위를 던져 수가 나온 만큼 전진합니다.
3. 사람 이름이 쓰인 칸에 도착하면 그 사람과 관련 있는 단어를 말해야 합니다. (대답을 못 하면 한 번 쉬세요. 중복된 단어는 말하면 안 돼요!)
4. '탕평'이나 '당쟁'에 걸리면 쓰여 있는 대로 말을 움직입니다.
5. 먼저 도착하는 사람이 이깁니다.

역사 공감하기

이조 전랑, 도대체 어떤 직책이었기에 내로라하는 양반네들이 패를 나누어 그 자리를 차지하려고 싸웠을까?

이조 전랑은 조선 시대 6조 중에 이조에 해당하는 관직이었어. 정5품인 정랑과 정6품인 좌랑을 합쳐서 이조 전랑이라고 불렀단다. 정5품, 정6품이면 그렇게 높은 관직도 아니었는데 왜 그렇게 이조 전랑이라는 자리에 욕심을 냈을까? 그 자리는 여론 기관인 삼사에서 일할 사람을 뽑을 수 있는 권리와 자기 자리에 앉히고 싶은 후임자를 추천할 수 있는 권한이 있기 때문에 아주 중요한 자리였다고 하는구나. 임금님과 관리들을 감시하고 바른말을 할 수 있는 자리에 자신의 편이 있으면 굉장히 큰 힘이 되었을 거야. 선조 때 이조 전랑의 자리에 자신이 원하는 사람을 앉히려고 싸우다 동인과 서인으로 갈라졌고 이렇게 당쟁은 시작되었어.

그러면 이렇게 말이 많았던 이조 전랑에게 그런 중요한 권한이 계속 주어졌을까? 물론 아니야. 숙종은 이조 전랑의 후임자 추천권을 없애 버렸단다. 그리고 영조는 이조 전랑의 삼사에서 일할 사람을 뽑을 권리를 제한했어. 그럼 자연스럽게 이조 전랑의 권한이 축소되었겠지? 말도 많고 탈도 많았던 이조 전랑이라는 관직.

그럼, 이조 전랑의 권한이 축소된 정조 대에는 당쟁이 사라졌을까?

14 울릉도와 독도를 지킨 안용복

생각 한 걸음

1 조선 시대 수군 중에서 노 젓기를 담당하는 군인을 무엇이라고 하나요?

2 안용복에게 '울릉도는 일본의 영토가 아니다'라는 내용의 편지를 써 준 사람은 누구인가요?

3 조선 시대 송도와 우산도로 불리던 곳은 지금의 어디인가요?

4 조선과 일본이 교류를 하는 데 중요한 역할을 한 일본의 섬은 어디인가요?

5 독도가 일본의 땅이라는 증거로 내놓은 일본의 법령은 무엇인가요?

6 하멜은 네덜란드로 돌아가 조선에서 보고 듣고 겪은 일을 책으로 썼습니다. 이 책의 제목은 무엇인가요?

2 다음은 독도에 대한 내용이 적힌 기록물입니다.

❶ 빈칸에 알맞은 독도의 옛 이름을 써 보세요.
❷ 우리나라에서 공식적으로 독도라는 이름을 사용하기 시작한 것은 언제부터인가요?

> 보기   석도(1900년), 삼봉도(1471년), 독도(1906년), 우산도(512년), 가지도(1794년)

○○은 고구려 말로 '높은 산'이라는 뜻이다. 고려사에는 독도와 울릉도가 우산과 울릉으로 적혀 있다.
_〈고려사〉

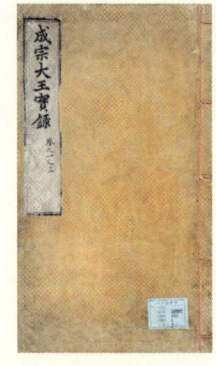
1476년 《성종실록》에는 "섬 북쪽에 세 바위가 나란히 있고, 세 섬이 다 바닷물이 통한다."고 적혀 있다.
_〈성종실록〉

정조18년 강원도 관찰사였던 심진현의 울릉도보고서에는 "이곳에는 가지어가 많다."고 적혀 있다. 가지어는 물개의 일종인 강치를 뜻한다.
_〈정조실록〉

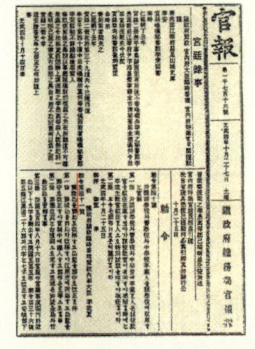
1900년 10월 27일 대한제국 정부가 울릉도에 울도군을 설치하고 이 군에서 울릉 전도와 죽도, 석도를 관할한다고 적혀 있다.
_〈대한제국 칙령 41호〉

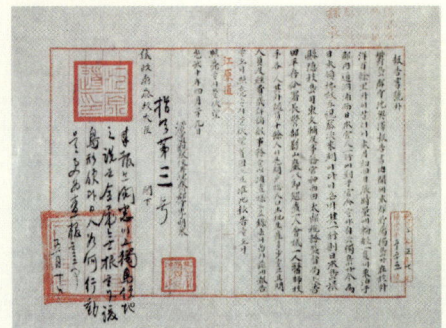
1906년 울릉군수 심흥택이 공식적으로 사용하여 오늘날까지 이어지고 있다.
_〈심흥택의 보고서〉

독도

깊이 생각하기

1 안용복의 행동에 대해 당시 조선 사람들은 왜 서로 다른 생각을 했을까요?

- "그가 사사로이 다른 나라에 가서 나라의 일을 말했고, 이것을 조정에서 시킨 것처럼 했다면 마땅히 죽여야 한다." _좌의정 윤지선
- "일본이 울릉도와 독도를 조선 땅으로 인정하게 된 것은 안용복의 공이니 사형은 지나치다." _영의정 남구만
- "안용복은 영웅과 같은 사람이다. 일개 천한 병사로 죽음을 무릅쓴 계책을 세워 나라를 위해 강적과 대항했고, 한 고을의 땅을 되찾았으니 걸출한 자가 아니면 하기 어려운 일이다." _이익

2 독도는 우리나라와 일본에서 모두 중요하게 여기는 섬입니다. 독도가 중요한 이유를 자유롭게 이야기해 보세요.

- 조선 시대에 일본 사람들은 울릉도와 독도에서 자주 고기잡이를 했다.
- 독도는 해저산이 물 위에 떠오른 보기 드문 섬으로, 오랜 세월 동안 해저산이 진화한 과정을 보여 준다.
- 일본은 1905년 러시아와 전쟁에서 독도에 망루를 설치해 러시아의 함대를 맞아 대승을 거두었다.
- 울릉도와 독도 근처 바다에는 '가스 하이드레이트'가 6억 톤가량 묻혀 있다. '가스 하이드레이트'는 천연가스를 만들어 낼 수 있는 미래의 에너지원이다.

3 과거에는 영토를 중요하게 생각했지만, 지금은 영해와 영공에 대한 관심도 커졌습니다. 그 이유는 무엇일까요?

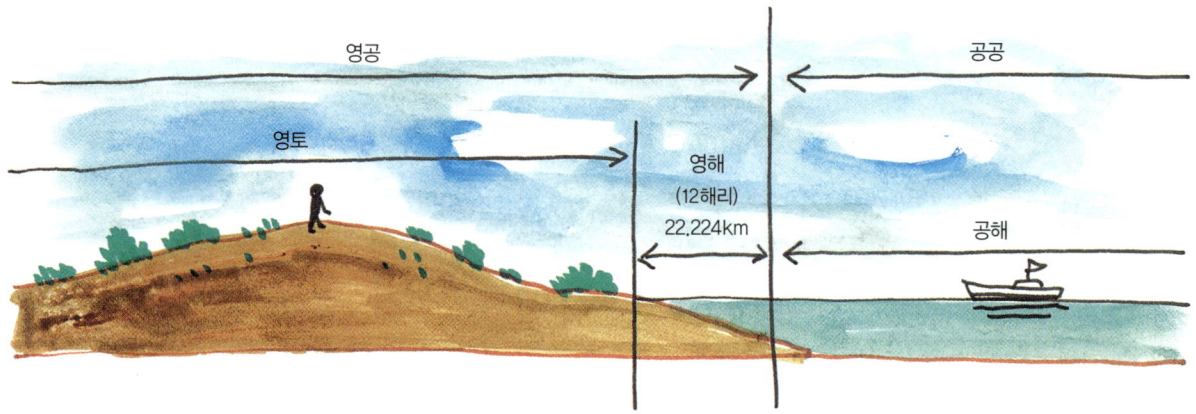

생각 펼치기

 울릉도 여행 계획하는 글쓰기

울릉도 여행을 계획하는 글을 써 보세요.

울릉도의 대표 관광지
나리분지, 봉래폭포, 태하향목, 코끼리바위, 성인봉, 촛대암, 독도박물관, 대풍감 등
★자세한 울릉도 관광 정보는 홈페이지를 참고하세요.
(http://www.ulleung.go.kr)

여행을 떠나고 싶은 날짜	년 월 일
내가 사는 곳에서 울릉도로 가는 방법	
함께 여행을 떠나고 싶은 사람	
울릉도에서 가 보고 싶은 곳	
울릉도에 가서 하고 싶은 일	

역사와 뛰놀기

섬 이름으로 빙고 게임하기

우리나라의 섬 이름으로 빙고 게임을 해 보세요.

방법

1. 섬 이름을 빙고판에 자유롭게 쓰세요.
2. 한 사람씩 돌아가며 섬의 이름을 말하세요.
3. 상대방이나 내가 말한 섬의 이름을 빙고판에 X표 하세요.
4. 가로, 세로, 사선 방향으로 5줄이 표시되면 빙고라고 외치세요.

우리나라 섬

제주도, 거제도, 진도, 강화도, 남해도, 안면도, 완도, 울릉도, 돌산도, 거금도, 지도, 창선도, 자은도, 백령도, 압해도, 안좌도, 교동도, 비금도, 고금도, 도초도, 석모도, 임자도, 암태도, 청산도, 보길도, 신의도, 신지도, 조약도, 금오도, 가덕도, 금호도, 내나로도, 노화도, 대흑산도, 덕적도, 사옥도, 소안도, 영도, 영흥도, 외나로도, 장산도, 증도, 팔금도, 평일도, 하도, 하의도, 하조도, 한산도, 흑산도, 독도, 마라도, 여의도, 밤섬, 노들섬, 선유도, 서래섬, 남이섬, 붓꽃섬, 종도, 을숙도

역사 공감하기

영토 분쟁이란 각 나라들이 더 넓은 영토를 차지하기 위해 서로 다툼을 벌이는 것을 말해. 영토 분쟁은 세계 곳곳에서 일어나고 있어. 지구에 있는 약 250개 나라 중 약 190개 나라가 영토를 두고 다툼을 벌이고 있지. 이유는 여러 가지야. 종교나 민족 문제 때문에, 빼앗긴 땅을 되찾으려고, 개발할 가치가 높은 자원을 차지하기 위해서 등등.

영토 분쟁을 해결하는 방법도 여러 가지야. 나라들끼리 외교적인 방법으로 해결하기도 하고, 국제 재판을 통해 해결하기도 해. 어떤 나라들은 전쟁을 택하기도 하지.

사람들이 싸우는 모습을 보면 난 너무나 슬퍼. 영토 분쟁 없이 사이좋게 지냈으면 좋겠어. 다투지 않고 사는 방법, 정말 없을까?

★인터넷에서 아래 주소를 입력하면 세계 분쟁 지역을 확인할 수 있습니다.
http://www.kida.re.kr/woww/

사진 및 인용 자료

사진

국립고궁박물관 편종, 편경, 대금, 축, 어, 박, 태평소, 진고, 절고 035 매화틀 054 | 국립민속박물관 일성정시의 034 구군복(전복전립), 전립, 문관관복(단령사모), 사모, 어사화, 흑혜, 각대, 화자 043 붓, 오색두루마리지 095 안경 133 | 국립중앙박물관 갑옷, 호랑이 흉배 043 〈논갈이〉, 〈임매 초상〉, 〈경직도〉, 〈그네 타는 여인도〉, 〈수공선거도〉, 역관, 노비 053 백자 태 항아리 054 호패 모음, 상아로 만든 호패 058 분청사기 인화 연꽃무늬 항아리, 분청사기 철화 넝쿨무늬, 분청사기 박지 연꽃무늬, 분청사기 상감 모란무늬, 백자 달 항아리, 백자 항아리, 백자 연적, 백자 탕기, 백자 청화 양각 매화 대나무무늬 병, 백자 청화 구름무늬 접시, 백자 청화 구름 용 봉황 무늬 병, 백자 철화 끈 무늬 병, 백자 철화 대나무 무늬 병, 백자 철화 구름무늬 병, 백자 철화 포도 원숭이 무늬 병 085 〈고누놀이〉 088 나무 베개, 백자 청화 팔괘 무늬 연적, 문진, 매화 해 달 무늬 벼루, 먹통, 팔걸이, 대나무 지통, 책함, 서안 095 책거리 098 안경집 133 통신 행렬도 115 항해조천도 활동 자료1 | 국립청주박물관 징비록 활동 자료1 | 독도박물관 심흥택 보고서 144 | 전쟁기념관 등채 043 | 간송미술관 〈상춘야흥〉, 〈무녀신무〉 051 | 가톨릭대학교전례박물관 천주실 133 | 서울대학교규장각한국학연구원 〈동여도(도성도)〉 023 정조실록, 성종실록 144 | 성균관대박물관 독서대 095 | 숭실대학교기독박물관 자명종, 놋쇠지구의, 천리경 133 | 영남대학교박물관 남한산성 지도 121 | 두피미디어 영추문 024 사당채 084 | 북앤포토 안채 084 오대산 사고, 적상산 사고 094 | 한국기독교회사 십자고상 133 | 한국일보 〈한국일보〉연재 장길산 104 | 강성철 근정전, 강녕전 024 도산 서원, 박연폭포, 오죽헌, 산천재, 도산서원 063 사랑채 084 칠장사, 고석정 104 삼전도비, 남한산성 남문, 광해군묘, 장릉 124 | 이다정 한글 부채 038 | 책과함께 《한국사 편지》3 그림 위화도 회군 017 이유태 집 086 실록 편찬 093 | 위키피디아

인용

하정승, 〈반니 웹진_한시를 만나는 시간〉 김정의 시 079
정종목, 《홍길동전》, 창비, 2003. 105
황석영, 《장길산》, 창비, 2004. 105
홍명희, 《임꺽정》, 사계절출판사, 2008. 105
이진이, 《이순신을 찾아 떠난 여행》, 책과함께, 2008. 119

도서출판 책과함께는 이 책에 실은 모든 도판 자료의 출처와 저작권자를 찾아 허락을 받기 위해 최선을 다했습니다.
허가를 받지 못한 일부 도판은 저작권자가 확인되는 대로 사용 허가를 받고 일반적인 사용료를 지불하겠습니다.

《한국사 편지》와 《한국사 편지 생각책》 권별 차례

한국사 편지 1권
원시 사회부터 통일 신라와 발해까지

01 우리나라에는 언제부터 사람이 살았을까?
02 신석기 시대 사람들은 어떻게 살았을까?
03 청동기 시대와 최초의 나라, 고조선
04 고조선 사람들은 어떻게 살았을까?
05 고조선 다음에는 어떤 나라들이 있었을까?
06 삼국과 가야의 건국 이야기
07 동북아시아를 주름잡은 파워 고구려
08 세련된 문화의 나라, 백제
09 삼국 문화의 키워드, 불교
10 삼국 시대 사람들은 어떻게 살았을까?
11 신라는 어떻게 통일을 하였을까?
12 골품의 나라, 신라
13 신비의 나라, 발해

한국사 편지 2권
후삼국 시대부터 고려 시대까지

01 흔들리는 신라와 후삼국 시대
02 왕건과 후삼국 통일
03 문벌 귀족의 나라, 고려
04 거란과의 30년 전쟁
05 국제 무역항 벽란도와 코리아
06 불교의 나라, 고려
07 고려 사람들은 어떻게 살았을까?
08 무신들의 세상
09 왕후장상의 씨가 따로 있나?
10 농민과 천민들이 몽골과 싸우다
11 고려 사람들의 마음이 담긴 팔만대장경과 상감 청자
12 《삼국사기》와 《삼국유사》, 두 역사책에 담긴 서로 다른 뜻
13 공민왕의 개혁 정치
14 목화씨와 화약

한국사 편지 4권
조선 후기부터 대한제국 성립까지

01 정조와 화성 신도시 건설
02 실학자들의 꿈
03 변화하는 농촌과 시장
04 피어나는 서민 문화
05 조선 시대 부부의 사랑과 결혼
06 김정호와 《대동여지도》
07 일어서는 농민들
08 서학과 동학
09 쇄국과 개화의 갈림길
10 나라의 문을 열다
11 '3일 천하'로 끝난 갑신정변
12 전봉준과 동학 농민 운동
13 명성 황후, 그 비극의 죽음
14 개항 후 달라진 생활

한국사 편지 5권
대한제국부터 남북 화해 시대까지

01 나라를 빼앗기다
02 나라를 지키려는 몸부림
03 만주를 뒤흔든 구국의 총소리
04 이천만 동포여, 일어나거라
05 독립군의 두 별, 홍범도와 김좌진
06 방정환과 '어린이날'
07 관동대학살과 연해주 강제 이주
08 근대 역사학의 아버지 신채호
09 임시 정부의 밑거름이 된 이봉창과 윤봉길
10 세계를 놀라게 한 조선인들
11 끌려간 젊음과 비굴한 친일파
12 해방, 그러나 남북으로 갈린 나라
13 38선을 넘는 김구
14 민족을 둘로 가른 전쟁 6·25
15 경제 성장의 빛과 그늘
16 민주주의를 위하여
17 통일을 위한 만남

모두 모여라~!
'한국사 편지 생각책' 공식 커뮤니티

《한국사 편지 생각책》을 공부하는 독자들을 위해 공식 온라인 카페를 운영하고 있습니다.
역사를 공부하면서 어떤 활동을 했고, 어떤 즐거움이 있었는지 다양한 정보를 공유해 보세요.

http://cafe.naver.com/cumlibro

역사 워크북, 어떻게 지도해야 할지 모르겠어요.
생각샘 선생님들의 워크북 활용법, 학습 지도법이 카페를 통해 공개됩니다. 체험단의 활동 리뷰와 다른 엄마들과 선생님들의 활용 정보도 공유하세요.

공부를 하다 보니 이런 게 궁금해요!
역사 공부를 하면서 마주친 궁금한 것들《한국사 편지 생각책》의 저자 박은봉·생각샘 선생님들께 직접 물어보고 피드백을 받아 보세요.

제가 잘하고 있는 건가요?
체험단의 활동 리뷰와 함께 친구들이 어떤 생각을 펼쳤는지, 어떤 부분에서 어려움을 느끼고 해결했는지 확인해 볼 수 있습니다. 자신의 참신하고 재미있는 답변과 활동 결과물을 공유해 보세요.

역사와 역사 공부에 대해 이야기해 봐요.
역사에 대해 각자의 고민과 생각을 자유롭게 이야기하며 토론해 보세요. 역사를 쉽게 접할 수 있는 방법이나 부모님, 친구들과 함께할 수 있는 현장 체험에 대한 정보도 나누어 보세요.

★먼저 공부한 학생들이 어떤 결과물을 올렸을까요? 지금 카페에 가입해서 확인해 보세요.

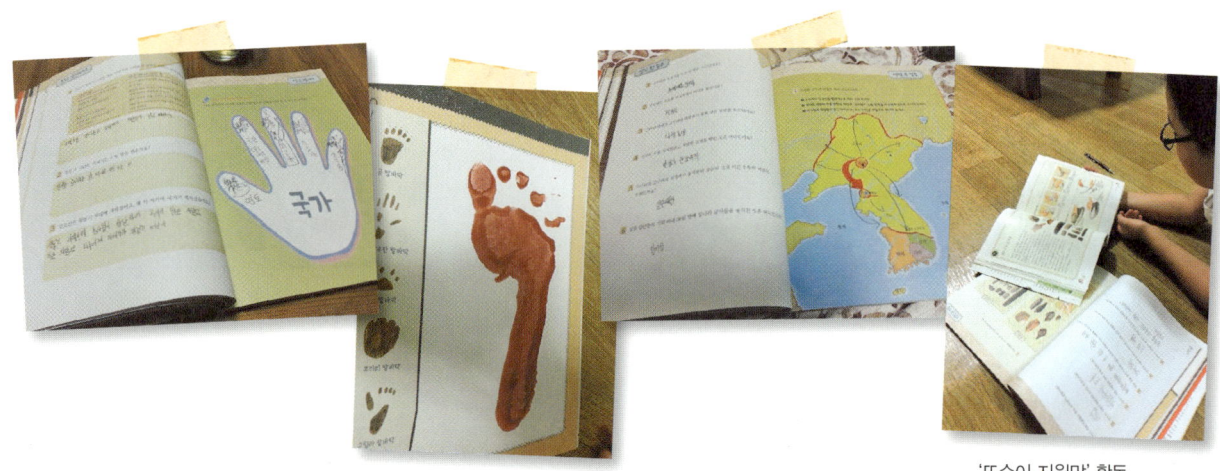

'또순이 지원맘' 활동

더 알고 싶어요!

《한국사 편지 생각책》 3권을 공부하면서 궁금했던 점, 어려웠던 부분, 더 알고 싶은 역사 이야기가 있었나요?
잊지 말고 적어 두었다가 '한국사 편지 생각책' 공식 카페에 질문을 올려 봅시다.

질문1

질문2

질문3

3권을 마친 소감

스스로 생각하고 놀면서 공부하는 역사 워크북
한국사 편지 생각책 3

1판 1쇄 2015년 4월 30일
1판 10쇄 2023년 5월 10일

글 | 박은봉·김선주·김효정·윤영내·이미나·이진희·정현숙
그림 | 김중석

펴낸이 | 류종필
편집 | 박병익
마케팅 | 이건호
경영지원 | 김유리
디자인 | 권석연, 남경민

펴낸곳 | (주)도서출판 책과함께
        주소 (04022) 서울시 마포구 동교로 70 소와소빌딩 2층
        전화 (02) 335-1982
        팩스 (02) 335-1316
        전자우편 prpub@daum.net
        블로그 blog.naver.com/prpub
        등록 2003년 4월 3일 제2003-000392호

이 책의 저작권은 지은이 박은봉·김선주·김효정·윤영내·이미나·이진희·정현숙과 그린이 김중석, (주)도서출판 책과함께에 있습니다.
이 책의 내용을 이용하려면 저작권자와 출판사에게 모두 서면 동의를 받아야 합니다.
잘못된 책은 구입하신 서점에서 바꾸어 드립니다.

ISBN 978-89-97735-50-1 74900
ISBN 978-89-97735-34-1 (세트)

스스로 생각하고 놀면서 공부하는 3
역사 워크북

한국사 편지
생각책
활동 자료

가위와 색연필 등을 준비해 주세요.

[활동 자료1] 사대문 스티커 (2단원 생각 두 걸음) 1

[활동 자료2] 왕릉 유물 스티커 (7단원 생각 두 걸음) 1

[활동 자료3] 7첩 반상 스티커 (8단원 생각 두 걸음) 1

[활동 자료4] 이순신 스티커 (11단원 생각 두 걸음) 1

[활동 자료5] 일월오봉도 (1단원 역사와 뛰놀기) 2

[활동 자료6] 호패 본 (5단원 역사와 뛰놀기) 3

[활동 자료7] 쿠폰 용지 (6단원 역사와 뛰놀기) 4

[활동 자료8] 손가락 인형 만들기 (7단원 역사와 뛰놀기) 4

[활동 자료9] 전술 놀이판과 배 모양 딱지 (11단원 역사와 뛰놀기) 5

[활동 자료1] 2단원 생각두걸음 2번 문제 (생각책 024쪽)

사대문 스티커

영추문

신무문

광화문

건춘문

[활동 자료2] 7단원 생각두걸음 3번 문제 (생각책 075쪽)

왕릉 유물 스티커

[활동 자료3] 8단원 생각두걸음 1번 문제 (생각책 083쪽)

7첩 반상 스티커

광어회

무생채

연근조림

콩나물무침

멸치볶음

생선구이

호박전   편육

[활동 자료4] 11단원 생각두걸음 2번 문제 (생각책 114쪽)

이순신 스티커

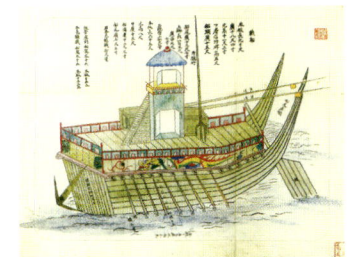
판옥선

화약

조총

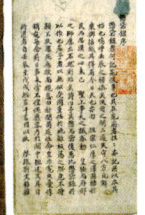
징비록

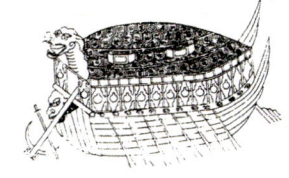
거북선

[활동 자료5] 1단원 역사와 뛰놀기 병풍 만들기 (생각책 018쪽)

일월오봉도

[활동 자료6] 5단원 역사와 뛰놀기 호패 만들기 (생각책 058쪽)
호패 본

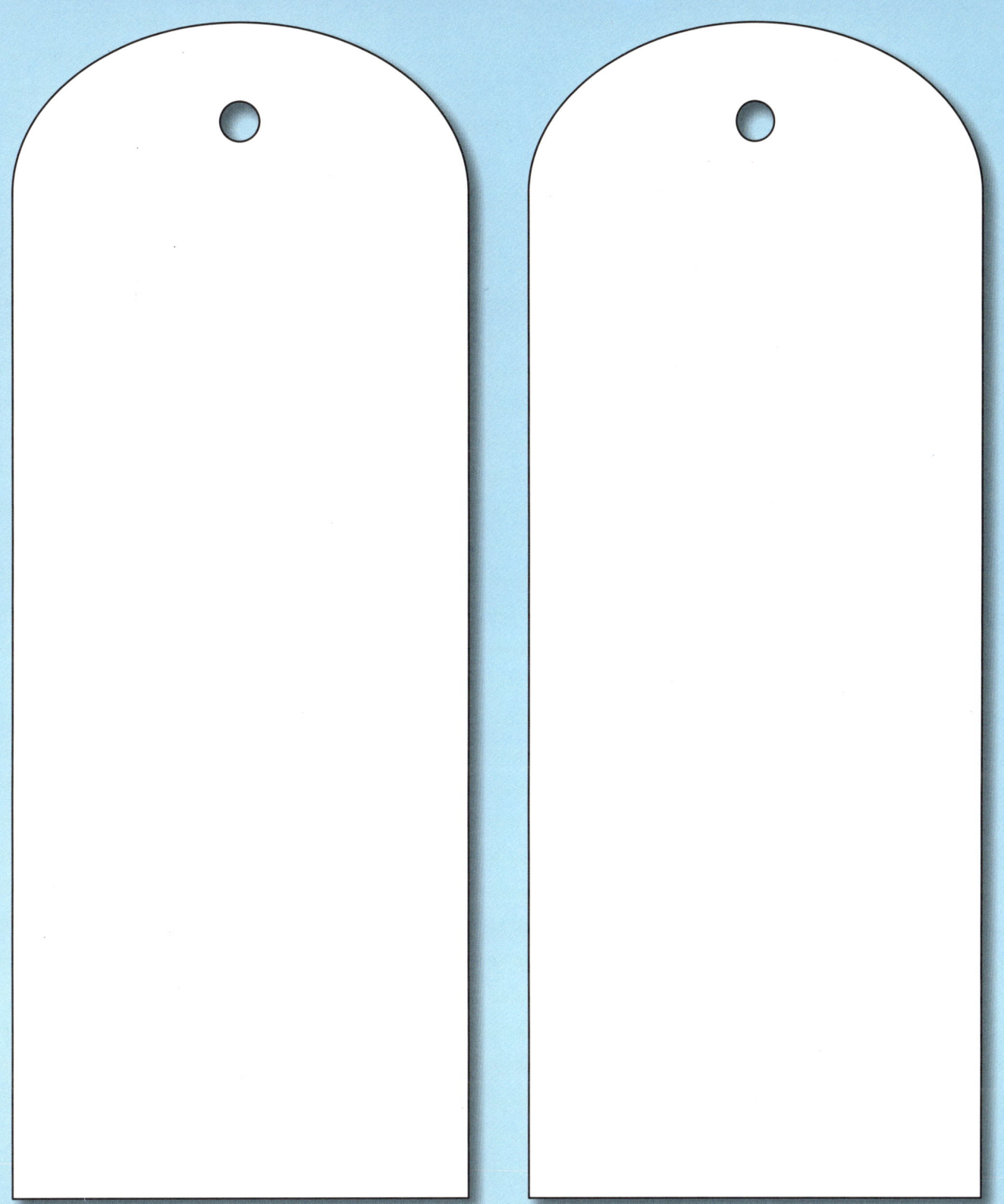

[활동 자료7] 6단원 역사와 뛰놀기 삼강오륜 쿠폰 만들기 (생각책 068쪽)

쿠폰 용지

군위신강 쿠폰	쿠폰	쿠폰
국경일에 태극기 달기 1회		
유효기간: 년 월 일 까지	유효기간: 년 월 일 까지	유효기간: 년 월 일 까지
부위부강 쿠폰	쿠폰	쿠폰
부모님 단둘이 데이트하기 1회		
유효기간: 년 월 일 까지	유효기간: 년 월 일 까지	유효기간: 년 월 일 까지

[활동 자료8] 7단원 역사와 뛰놀기 인형극 해 보기 (생각책 078쪽)

손가락 인형 만들기

01 조선은 어떻게 건국되었나?

1392년

학습 목표
1. 조선의 건국 과정에 대해 알아본다.
2. 조선의 건국 세력들에 대해 알아본다.
3. 일월오봉도를 색칠하고 병풍을 만들어 본다.

1 명나라 (한국사 편지 3권 12쪽 참고)
2 최영 (한국사 편지 3권 13쪽 참고)
3 위화도 회군 (한국사 편지 3권 16쪽 참고)
4 과전법 (한국사 편지 3권 18쪽 참고)
5 역성혁명 (한국사 편지 3권 19쪽 참고)
6 정몽주 (한국사 편지 3권 20쪽 참고)

생각 한 걸음
생각책 012쪽

생각 두 걸음
생각책 013~014쪽

[😊😀] 표시는 이 책으로 공부한 어린이들이 실제로 쓴 답안 중에서 적절한 것을 골라 실은 것입니다. 만약 지금 문제를 풀고 있는 어린이가 다소 다른 대답을 하더라도 문항의 핵심을 충분히 이해했다면 어린이의 다양한 생각을 존중해 주세요.

1

ⓒ → ⓑ → ⓐ

2. 😊 홍건적과 왜구의 침임을 막아 내면서 이성계, 최무선, 조민수와 같은 신흥 무인 세력의 힘이 강해졌다.

3. ❶ ❷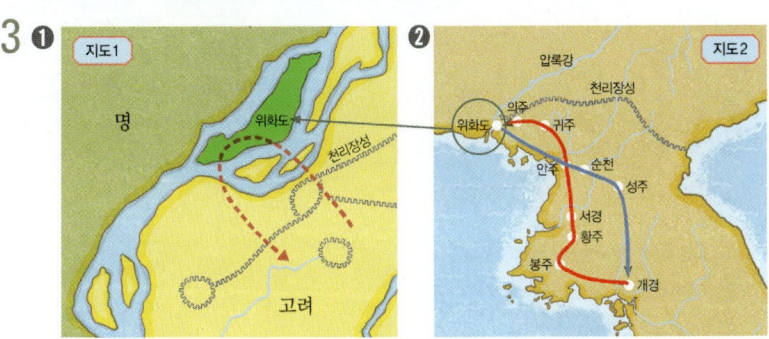

4.
최영
😠 요동 정벌은 꼭 해야 합니다. 명나라가 무리한 요구를 하는 것을 더는 들어 줄 수 없습니다. 요동 지방을 공격해서 명나라를 혼내 주어야 합니다.
😠 요동 정벌은 꼭 해야 합니다. 철령 이북의 땅은 고구려 때부터 우리의 땅이었습니다. 그러므로 요동지방을 공격해서 철령 이북의 땅을 되찾아 와야 합니다.

이성계
😊 요동 정벌에 반대합니다. 작은 나라인 고려가 큰 나라인 명나라를 치는 것은 있을 수 없는 일입니다.
😊 요동 정벌에 반대합니다. 많은 군사를 모아 요동 정벌을 하게 되면 나라를 지킬 군사가 부족하게 되고 그 틈을 노려 왜구가 쳐들어올 수 있습니다.

깊이 생각하기
생각책 **015**쪽

1. 😊 신진 사류는 열심히 공부해서 과거에 합격하여 관리가 된 사람들이다. 그런데 신진 사류가 관직에 올라 보니 높은 관직은 권문세족이 다 차지하고 있었다. 열심히 공부한 신진 사류는 이것이 불공평하다고 생각했을 것이다. 또 신진 사류는 반원친명을 주장했는데 권문세족은 원나라와 친하게 지내자는 쪽의 사람들이 많았기 때문에 서로 대립하게 되었다.

😊 권문세족들은 고려의 모든 권력과 많은 땅을 치지하며 누리고 살고 있었다. 그런데 갑자기 나타난 젊은 신진 사류들이 개혁을 요구하며 자신들이 가지고 있던 것을 빼앗으려고 했기 때문에 권문

세족과 신진 사류는 대립했다.

2. 🧒 나는 정도전의 주장이 옳다고 생각한다. 왜냐하면, 고려는 권문세족의 횡포가 심해서 개혁으로 나아질 수 있는 상황이 아니기 때문이다. 권문세족은 자신들의 힘을 빼앗기지 않으려고 개혁에 반대할 것이고, 그렇게 되면 제대로 된 개혁은 하기 힘들 것이다. 그래서 고려를 버리고 새로운 국가를 세워서 근본부터 바꾸어야 한다고 생각한다.

👧 나는 정몽주의 주장이 옳다고 생각한다. 왜냐하면, 새 나라를 세우게 되면 힘든 점이 많기 때문이다. 새 나라를 세우는 과정에서 많은 사람이 죽고 다친다. 또한 새 나라가 안정되기까지는 많은 노력과 긴 시간이 필요하다. 그래서 새 나라를 세우는 것보다는 고려라는 나라는 유지하면서 고쳐 나가는 것이 좋다고 생각한다.

3. 😊 명나라가 생기고 조선에 무리한 요구를 자주 하자 조선은 명나라의 기세를 꺾기 위해 요동 정벌을 하기로 했다. 이성계는 이를 반대했지만 우왕과 최영의 명령으로 군사를 이끌고 요동 정벌에 나서게 되었다. 하지만 이성계는 위화도에서 군사를 돌려 개경으로 돌아와 우왕을 쫓아내고, 최영을 귀양 보냈다. 신진 사류와 이성계는 고려를 무너뜨리고 새 왕조를 세우는 역성혁명을 시작했다. 그렇게 해서 세워진 나라가 조선이다.

생각 펼치기
생각책 **016~017**쪽

이 책으로 공부한 어린이들의 실제 답안을 그대로 실었습니다. 어린이들의 다양한 생각과 관심을 파악할 수 있을 것입니다.

육하원칙에 맞게 문장 정리하기
1388년에 위화도에서 이성계 장군은 명나라를 치는 것은 무리라고 생각하고 군사를 돌려 개경으로 향했다.

기사문 쓰기
이성계 장군, 어명을 어기고 군사를 돌리다
1388년 5월 22일 압록강 하류의 위화도에서 이성계 장군과 그를 따르는 병사들이 어명을 어기고 회군하여 반역을 저질렀다.
우왕과 최영 장군은 요동 정벌을 주장했지만 이성계 장군은 반대했다. 이성계 장군이 요동 정벌을 반대한 이유는 지금 요동을 정벌하는 것은 날씨가 좋지 않아 군사를 움직이기 쉽지 않고, 힘이 약한 고려가 강한 명나라를 치는 것은 이길 확률이 낮기 때문이다.
오랜 생각과 회의 끝에 저지른 반역! 과연 그 승자는 누구일까 주목된다.

[일월초5 공윤배]

육하원칙에 맞게 문장 정리하기
1388년에 압록강 하류의 위화도에서 우군도통사 이성계가 '4불가론'에 따라서 요동 정벌을 반대했기 때문에 자신의 군사를 요동 쪽이 아닌 개경 쪽으로 돌려 권력을 장악했다.

기사문 쓰기
우군도통사 이성계 장군, 위화도에서 군사 돌려….
새로운 나라의 시작이 보입니다. 지난 5월, 7만 대군을 이끌고서 위화도를 향하여 진격한 이성계 장군은 군사를 돌려서 개경을 향하여 진격해서 권력을 장악하였습니다. 요동 정벌을 적극적으로 주장하던 8도도통사 최영 장군을 비롯한 핵심 인물들은 귀양을 보냈습니다. 대륙 쪽에서 새로 일어선 명나라의 무리한 물자 요구, 그리고 철령위 관청 설치에 대한 간섭 속에서 요동 정벌이 시작되었습니다. 이 주제를 두고서 조정은 요동 정벌을 추진하자는 쪽과 반대하는 쪽으로 나누어지게 되었습니다. 당시 반대파에 속해 있던 이성계 장군은 '4불가론'에 따라서 적극 반대를 하였으나 결국은 찬성 쪽이 승리하게 되어서 8도도통사에 최영 장군, 좌군도통사에 조민수, 우군도통사에 이성계 장군이 임명되었고, 요동을 향해 진격했습니다. 그 도중에 8도도통사 최영은 평양에 남고 다른 군사들은 위화도까지 진격하였으나 우군도통사 이성계 장군의 역사적인 '위화도 회군' 사건에 의해서 나라가 뒤집어지게 되었습니다. 새로운 나라가 일어나기는 하였으나, 민심이 아직 한쪽으로 쏠리지는 않아서 매우 혼란스러운 상황입니다.

[염리초6 추민재]

역사와 뛰놀기
생각책 **018**쪽

[일월초5 공윤배]

[송림초5 성동진]

02

새 도읍지 한양
1394년

학습 목표
1. 조선의 수도 한양의 특징을 알아본다.
2. 조선의 궁궐을 알아본다.
3. 창덕궁을 답사해 본다.

1 한양 천도 (한국사 편지 3권 29쪽 참고)
2 경복궁 (한국사 편지 3권 32쪽 참고)
3 정도전 (한국사 편지 3권 31쪽 참고)
4 종묘, 사직 (한국사 편지 3권 33쪽 참고)
5 육조 거리 (한국사 편지 3권 34쪽 참고)

생각 한 걸음
생각책 **022**쪽

6 북쪽에는 양반, 특히 높은 관리들이 살았고, 남쪽에는 백성들이 주로 살았다. (한국사 편지 3권 38쪽 참고)

생각 두 걸음
생각책 023~024쪽

[😊👧] 표시는 이 책으로 공부한 어린이들이 실제로 쓴 답안 중에서 적절한 것을 골라 실은 것입니다. 만약 지금 문제를 풀고 있는 어린이가 다소 다른 대답을 하더라도 문항의 핵심을 충분히 이해했다면 어린이의 다양한 생각을 존중해 주세요.

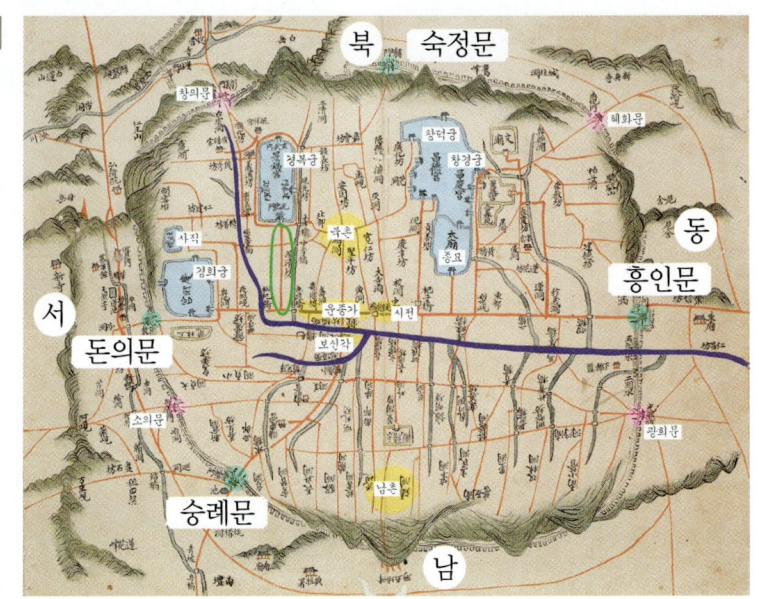

2 ❶
건물 이름	건물의 뜻
사정전	올바른 정치를 생각하라는 뜻
근정전	부지런히 정사를 돌보라는 뜻
강녕전	늘 편안하라는 뜻

❷
문	건춘문	광화문	영추문	신무문
계절	봄	여름	가을	겨울

깊이 생각하기
생각책 025쪽

1 😊 왕의 힘이 강하다는 것을 보여 주기 위해서 궁궐을 여러 개 만들었을 것이다.

👧 전쟁 때문에 궁궐이 불타서 새로운 궁궐이 필요했기 때문이다.

👦 전염병이 돌았을 때 왕이 병으로부터 안전한 곳으로 피하려고

궁궐을 여러 개 만들었을 것이다.

👩 왕이 필요에 따라 분위기를 바꾸기 위해 이사하려고 만들었을 것이다.

2 👦 사는 곳이 일하는 곳과 가까우면 편리하다. 그런데 조선 시대에는 신분에 따라 하는 일이 달랐다. 일하는 곳과 가까운 곳에 살다 보니 비슷한 신분끼리 모여 살게 되었다.

👩 신분이 낮은 사람은 신분이 높은 사람과 가까이 살면 불편하다. 왜냐하면, 이것저것 시키는 일도 많고, 편하게 생활하지 못하고 눈치를 보며 생활해야 하기 때문이다. 그래서 신분에 따라 모여 살게 되었다.

3 **필요한 조건:** 👦👩 넓은 평야, 강, 편리한 교통, 지리적 위치, 많은 인구 등

👦 한 나라의 수도가 되기 위해서는 넓은 평야와 강이 있어야 한다. 농사를 짓기 위해서는 물이 필요하고 강을 이용해 교역도 할 수 있기 때문이다.

👩 한 나라의 수도가 되기 위해서는 교통이 중요하다. 수도는 경제의 중심지 역할을 하므로 많은 물건이 거래된다. 그러한 물건을 손쉽게 사고팔려면 교통이 편리해야 한다.

👦 한 나라의 수도는 적의 침략을 방어할 수 있는 곳이어야 한다. 수도는 왕이 머무르는 곳이고 나라의 중심이기 때문에 수도를 빼앗기면 나라를 잃는 것이나 마찬가지다. 그래서 수도를 안전하게 방어할 수 있는 지리적인 위치가 가장 중요하다.

글감 정리

신분에 따라 나뉜 동네: 경복궁의 동쪽에는 높은 관리들이 집을 지었고, 서쪽 부근에는 내시들이 집을 지었다. 청계천을 중심으로 북쪽과 남쪽에는 각각 양반과 서민이 살았고, 그 중간에는 의원, 역관, 화원과 같은 중인 신분의 사람이 살았다.

궁궐: 경복궁, 창덕궁, 경희궁, 경운궁 등 5개의 궁궐이 있다. 왕은 정

생각 펼치기
생각책 026~027쪽

이 책으로 공부한 어린이들의 실제 답안을 그대로 실었습니다. 어린이들의 다양한 생각과 관심을 파악할 수 있을 것입니다.

치적인 이유로 궁궐을 주기적으로 옮겼다.

인구: 한양의 최초 주민들은 거의 개경에서 온 사람들이었는데, 원래 살던 사람들은 강제로 쫓겨났다. 인구는 약 10만 명이었다.

한양 소개하기

한양은 신분과 가진 일에 따라서 사는 곳이 나누어졌다. 우선 궁궐에서 맡은 직책에 따라서 경복궁의 동쪽으로는 높은 관리들의 집이 주로 모여 있던 곳이고, 또 그곳의 반대쪽인 경복궁의 서쪽에는 내시들의 집이 있었다. 내시는 궁궐에서 맡은 직책 때문에 궁궐 가까이에 살아야 했다. 그리고 또 청계천을 중심으로 거주지가 나누어졌다. 북쪽에는 주로 양반 아니면 높은 직책의 관리들이 살았다. 남쪽에는 백성들이 살았고, 마지막으로 그 중간에는 의원, 역관, 화원 같은 사람들이 살았다.

한양 도성 안에는 경복궁, 창덕궁, 창경궁, 경희궁, 경운궁 5개의 궁궐이 있다. 주요 궁궐은 경복궁이었지만 왕은 경복궁 말고도 다른 궁으로 이사했다. 이사를 했던 이유는 불이 났다든지, 병이 돈다는 이유도 있지만 주로 반대 세력을 멀리하고 왕 중심으로 새롭게 분위기를 바꾸려는 이유가 많았다.

한양 최초 주민들은 대부분 개경에서 이사를 온 주민들이었다. 원래 살던 주민들은 개경에서 이사를 온 주민이 너무 많아지자, 경기도로 강제 이사를 했다. 최초의 인구는 대략 10만 명 정도였는데 이 숫자의 지금 인구의 100분의 1도 안 되는 숫자였다. 하지만 당시 상황으로는 세계에서 손꼽히는 대도시였다.

[염리초6 추민재]

글감 정리

궁궐: 경복궁은 백악산을 뒤로 하고 남산을 마주 보는 곳에 들어섰다.

도읍지로 결정된 이유: 한강이 굽어 돌며 지나가고, 뱃길이 통하고, 나라의 중심부에 자리 잡고 있기 때문이다.

종묘사직: 왕실의 조상신과 토지의 신을 제사 지내는 곳이다.

한양 소개하기

한양은 태조 이성계의 뜻으로 수도가 된 곳이다. 한양은 한강이 지나가는 곳이기 때문에 땅이 기름지고 뱃길이 열려 있었다. 뱃길을 이용해 세금도 잘 거둬들일 수 있었다. 그리고 나라의 중심부에 위치해 있기 때문에 나라 전체를 다스리기에 알맞았다.

한양은 계획을 세워 건설된 도시이다. 수도 건설은 궁궐 짓기부터 시작되었는데, 백악산을 뒤로 하고 남산을 마주 보는 곳에 들어선 궁궐이 바로 경복궁이다. 궁궐을 짓고 나서는 왕실의 조상신과 토지의 신을 제사 지내는 '종묘사직'을 궁궐 가까이에 두었다.

[대화초6 정 솔]

03 세종이 한글을 만든 진짜 이유
1443년

학습 목표
1. 세종이 한글을 만든 이유를 알아본다.
2. 조선 초기 발달한 문화를 알아본다.
3. 한글로 디자인을 해 본다.

1 《훈민정음》해례본 (한국사 편지 3권 45쪽 참고)
2 집현전 (한국사 편지 3권 47쪽 참고)
3 《용비어천가》 (한국사 편지 3권 48쪽 참고)
4 최만리 (한국사 편지 3권 52쪽 참고)
5 암글 (한국사 편지 3권 55쪽 참고)
6 장영실 (한국사 편지 3권 57쪽 참고)

생각 한 걸음
생각책 **032**쪽

생각 두 걸음
생각책 033~035쪽

[😊 😊] 표시는 이 책으로 공부한 어린이들이 실제로 쓴 답안 중에서 적절한 것을 골라 실은 것입니다. 만약 지금 문제를 풀고 있는 어린이가 다소 다른 대답을 하더라도 문항의 핵심을 충분히 이해했다면 어린이의 다양한 생각을 존중해 주세요.

1 ❷ 자음은 혀, 입, 이, 목구멍의 모양을 본떠서 만들었고, 모음은 하늘의 둥근 모양, 평평한 땅의 모양, 사람이 서 있는 모습을 본떠서 만들었다.

2 ❷ 😊 한글을 만든 목적과 한글의 원리를 알리기 위해 만들었다.
😊 후손들에게 한글을 사용하는 방법을 알려 주기 위해 만들었다.

3

물건	쓰임 😊
규표	해 그림자를 이용해 방위, 절기, 시간을 측정하는 천문 관측 기기이다. 자의 역할을 하는 규는 북쪽을 향해 놓인 돌이고, 표는 수직으로 세운 막대기이다.
혼천의	천체의 운행과 위치를 측정하는 천문 관측 기기이다. 두 추의 운동에 의해 움직이는 시계 장치와 여러 개의 톱니바퀴가 연결되어 있다.
간의	혼천의를 간단하게 만든 천문 관측 기기로 적도의 위치를 알기 위해 만들었다. 오늘날의 각도기와 비슷한 구조이다.
수표	하천의 깊이를 측정해서 물이 넘쳐 피해를 입는 것을 막기 위해 만들었다. 처음에는 나무로 만들었다가 나중에 돌로 다시 만들었다.
일성정시의	낮과 밤의 시간을 측정하는 데 사용되었다. 평행한 세 개의 원반으로 천체의 공전과 낮 시간, 밤 시간을 잴 수 있었다.

4 ❶

현악기	해금 아쟁
관악기	대금 태평소
타악기	편종 편경 방향 축 어 박 진고 절고

❷ 🧒 종묘에서 역대 왕과 왕비의 제사를 지낼 때 연주했다. 왕실의 제사 음악으로 악기 연주와 노래, 무용을 함께 했다.

깊이 생각하기
생각책 **036**쪽

1 🧒 태조, 정종, 태종이 편하게 정치를 할 수 있도록 나라의 바탕을 잘 만들어 놓았기 때문에 세종은 마음 편하게 정치할 수 있었다. 그래서 세종 때에 정치가 안정되고 문화가 발전할 수 있었다.

👧 세종이 집현전을 설치하여 인재를 길러내는 등 나라를 잘 다스리기 위해 많은 노력을 하였기 때문에 정치가 안정될 수 있었다. 그러면서 백성들도 잘살게 되고 문화도 발달할 수 있었다.

2

	백성의 입장에서 좋은 점	왕의 입장에서 좋은 점
🧒	나라에서 알리는 글을 읽을 수 있고, 계약서 등을 읽지 못해 손해 보는 일을 막을 수 있다. 또, 억울하고 힘든 일이 생겼을 때, 관청에 글을 써서 알릴 수 있다.	백성들이 책을 읽을 수 있게 되어 삼강행실도 등의 책을 만들어 유교를 쉽게 가르칠 수 있다. 그래서 나라를 다스리기 더 편하다.
👧	멀리 떨어져 있는 가족이나 친구와 편지를 주고받을 수 있다. 책을 읽을 수 있고, 알게 된 내용이나 사실을 잊어버리지 않게 적어 둘 수도 있다.	백성들이 억울한 일이 있을 때 왕에게 글을 써서 건의할 수 있다. 그러면 왕은 백성들의 생각을 잘 알 수 있다.

3 🧒 한글은 과학적으로 만들어진 훌륭한 글자이기 때문에 누구나 쉽게 배울 수 있다. 그래서 백성들은 한자보다 한글을 더 많이 사용했고 많은 사람들이 사용했기 때문에 사라지지 않고 보존될 수 있었다.

👧 여성들이 한글을 꾸준히 사용하며 지켰기 때문이다. 한자를 쓰는 사람들은 한글을 여자들이나 쓰는 '암글'이라며 낮춰 보았지만, 여성들은 편지를 쓸 때 주로 한글을 사용했기 때문에 한글이 잊히지 않았다.

🧒 일제 시대 조선어학회에서 활동한 사람들이 한글을 지키기 위

해 목숨을 걸고 노력했기 때문이다. 조선어학회는 한글을 사용하지 못하게 막았던 일제에 저항해 한글을 연구하고, '한글날'을 만들었다.

생각 펼치기

생각책 037쪽

이 책으로 공부한 어린이들의 실제 답안을 그대로 실었습니다. 어린이들의 다양한 생각과 관심을 파악할 수 있을 것입니다.

생각나는 단어
명나라의 충신, 어리석은 반대, 간신, 양반, 명나라

궁금한 점
① 최만리는 명나라가 두려워서 한글의 가치를 알면서도 한글 창제를 반대했던 것인지, 아니면 정말 한글의 가치를 알아보지 못하고 무조건 깔보고 반대했던 것인지 궁금하다.
② 귀양을 가거나 곤장을 맞을 수도 있었다는 것을 알면서도 왜 위험을 무릅쓰고 한글 창제를 반대한 것인가?

인터뷰 내용
제목: 시간 여행 인터뷰
인터뷰 장소: 현재와 미래가 만나는 곳   **인터뷰 기자:** 안자연

인사말: 안녕하십니까? 오늘은 한글 창제를 반대하신 최만리 씨를 만나 보도록 하겠습니다. 안녕하세요.
질문1: 지금 우리 친구들이 한글을 이렇게 잘 쓰고 있는데 왜 한글 창제를 반대하셨나요?
대답1: 알다시피, 나는 조선 시대의 양반이오. 우리 양반들은 자존심이 아주 세다오. 나는 많이 배운 선비들이 한자가 아닌 다른 글자를 사용했다는 말은 들어 본 적이 없소. 한자는 일종의 신분 표시이며 우리 양반들 사이에서 유식함을 나타내는 문자인데 한글을 만들어 백성들에게 글을 가르친다는 것은 양반으로서 자존심이 상하는 일이오. 그리고 우리는 강대국인 명나라와 손을 잡고 명나라의 글자를 쓰고 있는데 갑자기 다른 우리 언어를 쓰는 것은 명나라에 대한 예의가 아니오. 나는 분명 옳은 주장을 하고 있는데 폐하께서는 그것을 모르시고 옥에 가두시고, 곤장을 치시는 것이 나는 억울할 뿐이오.

질문2: 최만리 씨를 한글 창제를 반대한 간신으로 알고 있는 사람도 있던데 본인은 어떻게 생각하십니까?

대답2: 내가 한글 창제를 반대한 것이 옳지 못했다는 것은 미래에 와 보니 알 수 있겠군요. 내가 어리석었다는 것은 인정하겠소. 하지만 내가 간신이라는 것은 말이 안 되오. 나는 나라를 사랑하는 마음은 있지만, 나라를 위한 선택 방법이 어리석었을 뿐이오.

질문3: 아직도 한글 창제에 반대하십니까?

대답3: 아니오. 후손들이 이렇게 한글을 잘 사용하고 있을 줄은 미처 몰랐소. 나도 이제 뉘우치고 한글을 잘 사용하는 데 도울 것이오.

마무리 인사말: 인터뷰해 주셔서 감사합니다. 기자 안자연이였습니다.

인물을 인터뷰한 소감: 최만리 선생님께서 솔직하게 대답해 주셔서 우리가 모르던 역사의 진실을 취재할 수 있게 되었습니다. 보람 있고 의미 있는 인터뷰였던 것 같습니다. 감사합니다.

[용남초6 안자연]

생각나는 단어
공부 방법, 공부하는 나이, 사용법

궁금한 점
백성은 어떻게 한글을 배웠을까? 한글이 정말 배우기 쉬웠을까? 몇 살부터 한글을 배울까? 백성들은 세종 대왕을 어떻게 생각할까? 한글은 어디에 사용할까?

인터뷰 내용
제목: 한글을 사용하는 가족을 만나다
인터뷰 장소: 어느 초가집   **인터뷰 기자:** 공윤배

인사말: 안녕하세요? 저는 미래에서 온 공윤배 기자입니다.

질문1: 길동 씨는 한글을 쉽게 배웠나요?

대답1: 네, 세종 대왕님이 아주 쉽게 만들어 주셔서 금방 배웠습니다.

질문2: 그 옆에 계신 따님은 한글을 배웠나요?

대답2: 아직 4살이어서 못 배웠습니다. 크면 가르쳐야지요.

질문3: 이렇게 쉬운 글자를 만든 세종 대왕님이 마음에 드시나요?
대답3: 네, 저는 세종 대왕님을 너무너무 존경합니다.
마무리 인사말: 네, 좋은 답변 감사드립니다.
인물을 인터뷰한 소감: 백성의 말을 들어 보니 우리 조상님들은 한글이 만들어진 것을 좋아하셨네요.

[일월초5 공윤배]

생각나는 단어
세종 대왕, 언어학자, 한글 만든 목적, 백성, 천재

궁금한 점
왜 한글을 만들었을까? 관리들이 반대할 때 어떤 기분이었을까? 지금까지 한글이 잘 사용되고 있다는 걸 미리 상상했을까?

인터뷰 내용
제목: 세종 대왕님과 인터뷰
인터뷰 장소: 경복궁 정원   인터뷰 기자: 성동진

인사말: 안녕하세요? 인터뷰하게 된 성동진 기자입니다.
질문1: 세종 대왕님은 왜 한글을 만드셨죠?
대답1: 다른 목적보다도… 백성들을 위해 만들었죠.
질문2: 다른 목적? 솔직히 말씀해 주세요.
대답2: 음. 사실 백성들이 글자를 알면 나를 더 잘 따르지 않을까 생각해서 한글을 만든 겁니다.
질문3: 한글을 만드신 후 기분은 어땠나요?
대답3: 처음에는 한글을 반대하는 사람이 많아서 기분이 상했는데, 백성들 사이에서는 잘 쓰고 있다고 하여 마음이 좋아졌습니다.
마무리 인사말: 인터뷰해 주셔서 감사합니다.
인물을 인터뷰한 소감: 왕으로서 백성을 위하는 마음도 있었지만, 나라를 더 잘 통치하려고 한글을 만들었다는 것을 세종 대왕이 직접 말해 줘서 기뻤다.

[송림초5 성동진]

역사와 뛰놀기
생각책 038쪽

[대화초5 남윤지]

04 1463년 관리를 어떻게 뽑았을까?

학습 목표
1. 조선 시대 관리가 되는 방법을 알아본다.
2. 조선 시대 정치 체제를 알아본다.
3. 과거 급제자 어사모를 만들어 본다.

생각 한 걸음
생각책 042쪽

1 양반 (한국사 편지 3권 61쪽 참고)
2 문과, 무과, 잡과 (한국사 편지 3권 61쪽 참고)
3 품계 (한국사 편지 3권 62쪽 참고)
4 '식년시'는 3년에 한 번씩 정기적으로 열리는 과거 시험을 말한다. '별시'는 나라에 경사가 있거나 특별한 일이 있을 때 실시하는 과거 시험을 말한다. (한국사 편지 3권 64쪽 참고)

5 면신례 (한국사 편지 3권 65쪽 참고)

6 음서와 천거 (한국사 편지 3권 70쪽 참고)

생각 두 걸음
생각책 043~044쪽

[😀 👧] 표시는 이 책으로 공부한 어린이들이 실제로 쓴 답안 중에서 적절한 것을 골라 실은 것입니다. 만약 지금 문제를 풀고 있는 어린이가 다소 다른 대답을 하더라도 문항의 핵심을 충분히 이해했다면 어린이의 다양한 생각을 존중해 주세요.

1

2 😀 육조는 나라의 중요한 업무를 맡아 보는 기관이기 때문에 왕에게 보고하거나 궁궐에서 처리해야 할 일들이 많았을 것이다. 그래서 궁궐과 가장 가까운 곳에 육조를 두었다고 생각한다.

깊이 생각하기
생각책 045쪽

1 😀 나라의 일을 나누어 하기 때문에 관리들의 힘이 한쪽으로 치우치지 않고, 맡은 일을 전문적으로 할 수 있다.
👧 왕이 자기 마음대로 정치를 할 수 없고, 신하의 의견을 들어야 한다.
😀 왕과 신하 사이에 감시하는 기관이 있기 때문에 어느 한쪽의 힘이 커지는 것을 막고 균형 있게 나라를 다스릴 수 있다.

2 😀 주요 관리가 조금이라도 잘못하면 나라의 미래가 바뀔 수도 있기 때문에 주요 관리를 뽑을 때는 그만큼 신중하고, 꼼꼼하게 절차를 밟아 뽑았다고 생각한다.
😀 관리를 뽑는 것은 중요한 일이다. 그래서 왕이 마음대로 자기가 좋아하는 사람만 뽑는 것을 막고 가장 일을 잘할 수 있는 사람을

뽑기 위해서이다.

3 😊 무관을 무시하고 중요하게 생각하지 않았기 때문에 무관들은 힘이 약하고 자신들이 하는 일에 만족하지 않았을 것이다. 그래서 제대로 준비가 되어 있지 않아 임진왜란과 같은 전쟁에서 큰 피해를 보았다고 생각한다. 그리고 기술직을 무시하니 누가 과학 기술을 위해 연구하고 노력할까? 그래서 세종 대왕 때 발전했던 과학 기술이 갈수록 후퇴하게 되었다고 생각한다.

생각 펼치기
생각책 046~047쪽

이 책으로 공부한 어린이들의 실제 답안을 그대로 실었습니다. 어린이들의 다양한 생각과 관심을 파악할 수 있을 것입니다.

면신례의 문제점: 면신례가 너무 힘들어서 신참들이 관리가 된 것을 후회할 수 있다.
새로운 면신례 제안: 10일 동안 선배들의 작은 심부름을 즐거운 마음으로 해 주기.

　나는 조선 시대의 면신례가 너무 심해서 신참들이 관리가 된 것을 후회할 수도 있다고 생각한다. 관리가 되기 위해서 열심히 공부하고 어렵게 과거에 합격했을 텐데, 면신례 때문에 관리가 된 것을 후회한다면 이것은 큰일이다. 그래서 내가 제안하는 새로운 면신례는 '10일 동안 선배들의 작은 심부름 들어주기'이다. 이 면신례를 제안한 이유는 다음과 같다. 10일이라는 기간이 짧고, 작은 심부름을 하는 것이기 때문에 신참에게는 부담이 되지 않고, 선배는 후배가 자신의 말을 들어주는 것이 기분 좋기 때문이다.

[대화초5 김민서]

면신례의 문제점: 사람이 죽기도 한다.
새로운 면신례 제안: 내가 제한하는 새로운 해결책은 면신례를 하는 대신 선배들이 후배들의 점수를 매겨서 버릇없게 굴거나 옳지 못한 행동을 하면 벌점을 매겨 승진에 지장이 있도록 하면 좋을 것이다.

　나는 사람의 목숨에 지장을 주는 면신례보다는 차라리 선배에게 대

들거나 옳지 못한 행동을 하였을 때 더 계급이 높은 선배들이 벌점을 매겨 승진에 지장이 있도록 하는 방법을 추천하고 싶다. 나라의 업무를 다루는 관리를 때리고 모욕을 주어 죽을 지경까지 만드는 방법은 관리로서 점잖지 못한 행동이며, 진작 없어져야 할 제도라고 생각한다. 원래의 목표인 '신입과의 서열정리'도 되면서 서로에게 지장이 없는 이 방법이 면신례보다는 더 현명한 방법이다. 승진에 문제가 있다면 누구나 함부로 하지는 못할 것이니까 이 방법을 쓰면 면신례를 할 때 받았던 비판이나 꾸지람이 어느새 칭찬, 존경으로 바뀌었을지도 모른다.

[용남초6 안자연]

면신례의 문제점: 신참들이 면신례를 하면서 힘이 들고 건강이 나빠질 수도 있다. 심할 경우에는 죽기도 한다.
새로운 면신례 제안: 출근하는 선배님들에게 일 년 동안 매일매일 절을 한다.

나는 조선 시대 관리 신고식을 바꿨으면 좋겠다. 왜냐하면, 면신례를 하면서 신참들이 힘들어하고 심한 경우에 죽기까지 해서이다. 겨울철에 찬물에 들어가거나, 15일 이상 잠을 못 자게 하는 일 등은 건강에도 좋지 않은 영향을 끼칠 것 같다. 나의 새로운 면신례 제안은, 아침마다 출근하는 선배님들을 기다렸다가 매일매일 한 번씩 절을 하자는 것이다. 그러면 출근하는 선배님들의 기분이 좋아지고, 절을 하는 후배들도 운동이 되어 건강이 좋아질 것 같다. 한 달 동안 매일매일 얼굴을 보게 되니까 저절로 친해질 것 같다.

[대화초5 김서현]

면신례의 문제점: 면신례가 선후배 간의 유대감을 쌓는 데 좋기는 하지만, 그 정도가 너무 심해서 기절하거나 죽는 사람까지 발생했다.
새로운 면신례 제안: 선배와 후배가 재미있게 할 수 있는 담력 테스트를 한밤중에 한다.

관리들이 요즘 새로 들어온 신참에게 신고식으로 면신례를 치르게 하였는데, 서서히 그 정도가 너무나도 심해져서 몸이 허약한 몇몇 신참은 기절하거나 심지어는 사망하는 경우에까지 이르렀다. 하지만 면신례가 선후배 간의 유대감을 쌓고, 서로에 대한 첫인상을 남기는 중요한 행사이기 때문에 아예 뿌리를 뽑을 수도 없는 노릇이다. 그렇지만 이러한 풍습을 조금은 순화시킬 수 있을 것이라고 믿는다. 내가 제안하고 싶은 담력 시험이 그러한데, 전혀 신체적 고통이 없다. 신참이 새로 들어온 날, 한밤중에 이루어질 것인데 각 부의 모든 불을 끈 후에 그 건물들을 돌아다니게 한다. 이 면신례가 다른 면신례와 다른 점이라면 선배들도 함께 참여한다는 것이다. 면신례는 본디 신참의 신고식인데, 신참을 고문하는 것과 같은 수준으로 면신례를 치르게 하는 것은 잘못되었다고 생각되어 새로운 것을 제안하게 되었다. 선배들은 이것을 통하여 신참의 용기와 배짱 등을 살펴볼 수 있고, 신참들은 선배의 약한 면모를 보면서 위압감을 조금 덜 느낄 수 있다. 각 건물을 돌아다니면서 곳곳에 숨겨져 있는 글자들을 찾아오고, 중간중간에 다른 사람들이 숨어 있다가 지나다니던 사람을 놀라게 한다. 이렇게 해서 가장 많은 글자를 얻어온 신참에게 자유 시간을 주거나 한과 등의 간식을 선물로 수여한다.

[염리초6 추민재]

역사와 뛰놀기
생각책 048쪽

[대화초4 정 단]

[연가초5 조승아]

조선 시대 사람들은 어떻게 살았을까?

1466년

05

학습 목표
1. 조선 시대 사람들의 생활 모습을 알아본다.
2. 조선 시대의 신분 제도를 알아본다.
3. 자신의 호패를 만들어 본다.

생각 한 걸음
생각책 052쪽

1 조회 (한국사 편지 3권 78쪽 참고)
2 사간원 (한국사 편지 3권 78쪽 참고)
3 경연 (한국사 편지 3권 81쪽 참고)
4 관노비는 관청에 속한 노비이고 사노비는 개인에게 속한 노비이다.
 (한국사 편지 3권 83쪽 참고)
5 중인 (한국사 편지 3권 86쪽 참고)
6 호패 (한국사 편지 3권 86쪽 참고)

생각 두 걸음
생각책 053~055쪽

[😊🧒] 표시는 이 책으로 공부한 어린이들이 실제로 쓴 답안 중에서 적절한 것을 골라 실은 것입니다. 만약 지금 문제를 풀고 있는 어린이가 다소 다른 대답을 하더라도 문항의 핵심을 충분히 이해했다면 어린이의 다양한 생각을 존중해 주세요.

1

😊 신분에 따라 할 수 있는 일이 제한을 받았다.

2

일반적인 말	높여서 부르는 말
몸	옥체
얼굴	용안
입술	구순
눈물	안수
손	어수
피	혈
대변	매화
밥	수라

3

태 항아리

용상

매화틀

4 😊 왕은 모든 것을 자기 하고 싶은 대로 하고, 편하고 자유롭게 지낼 줄 알았다. 그런데 아침부터 잠들 때까지 꽉 짜인 시간표대로 움직여야 하는 왕의 생활이 답답해 보였다. 자유로울 줄 알았는데 자유가 별로 없었다.

👦 왕도 매우 열심히 일해야 하는구나 하는 생각이 들었다.

깊이 생각하기
생각책 **056**쪽

1 👦 왕은 하루에 세 번 공부하고 신하들과 나랏일을 보았다. 그리고 대비와 왕대비에게 아침저녁으로 문안을 드렸다. 양반은 과거를 통해 관리가 되었고, 관청에서 게으름 피우지 않고 열심히 일했다. 휴일에는 활쏘기를 하거나 경치 좋은 곳으로 놀러 갔다. 농부는 계절에 맞게 모내기, 김매기, 가을 추수 등의 일을 하면서 일 년을 바쁘게 보냈다. 노비는 주인의 시중을 들고, 주인이 시키는 일은 무엇이든지 해야 했다.

2 😊 우리 상황에 맞는 농업 서적을 만든 것이다. 대부분 백성이 농사를 짓는 조선에서는 한 해 농사가 잘되어야 안정된 생활을 할 수 있었기 때문이다.

👦 곡식의 가격을 조정한 것이다. 곡식의 가격이 쌀 때 많이 준비해 두었다가 흉년에 내놓으면 굶고 있는 백성들을 구할 수 있기 때문이다.

👸 특산품을 쌀로 내게 한 것이다. 특산품은 구하기도 어렵고 운

반도 어려워서 백성들을 힘들게 했는데, 쌀은 구하기 쉽고 운반도 편했기 때문이다.

😊 토지에 따라 세금을 다르게 걷은 것이다. 땅의 상태에 따라 세금을 다르게 걷는 것은 아주 합리적인 방법이기 때문이다.

3 😊 선비는 나라를 운영하는 사람들이고, 농민은 먹을 것을 생산하기 때문에 우대했고, 장인과 상인은 자신의 이익을 우선하기 때문에 천시하였다.

😊 조선은 성리학을 공부하는 것과 농사짓는 것을 중요하게 생각했기 때문에 선비와 농민을 우대하였다. 하지만 물건을 만들고, 팔아 돈 버는 것을 중요하지 않게 생각했기 때문에 장인과 상인을 천시하였다.

생각 펼치기
생각책 057쪽

이 책으로 공부한 어린이들의 실제 답안을 그대로 실었습니다. 어린이들의 다양한 생각과 관심을 파악할 수 있을 것입니다.

	양반	중인	상민	천민
그림				
물건 이름	갓	침, 약	쌀, 농기구	칼, 도끼
선택한 이유	선비와 양반들은 예의를 갖추기 위해서 갓을 써야 하기 때문이다.	중인인 의사들은 침과 약을 이용해 백성들을 치료하기 때문이다.	상민인 농부들은 쌀과 물을 이용해서 농사를 짓기 때문이다.	천민인 망나니들은 죄수들을 칼과 도끼를 이용해 죽이기 때문이다.

[대화초5 김민서]

	양반	중인	상민	천민
그림				
물건 이름	붓과 책	해금과 가야금	낫과 호미	헌옷과 빗자루
선택한 이유	양반들은 기본적으로 공부를 하여 과거 시험을 봐서 관리가 되었다. 공부할 때 필요한 가장 친한 벗이라고 생각한다.	중인들 중에는 악기를 연주하는 사람들이 있다. 한국을 대표하는 악기들이 생각난다.	농민들은 대부분 농사를 짓는다. 그래서 농사를 지을 때 쓰는 농기구들이 생각난다.	천민 중에서 노비는 잡일을 하였는데 가장 먼저 생각나는 것이 헌옷과 빗자루이다.

[일월초5 이현아]

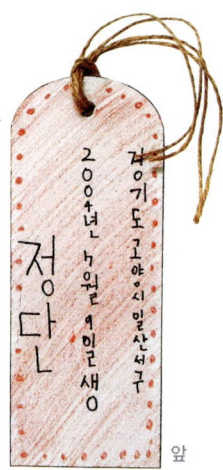

앞 뒤
[대화초4 정 단]

역사와 뛰놀기
생각책 058쪽

06
성리학의 나라 조선
1485년

학습 목표
1. 조선의 근본 사상인 성리학을 알아본다.
2. 조선의 대표적인 성리학자를 알아본다.
3. 삼강오륜의 뜻을 담아 쿠폰을 만들어 본다.

1 성리학 (한국사 편지 3권 92쪽 참고)
2 서경덕 (한국사 편지 3권 95쪽 참고)
3 도산 서원 (한국사 편지 3권 97쪽 참고)
4 조식 (한국사 편지 3권 98쪽 참고)
5 《경국대전》 (한국사 편지 3권 102쪽 참고)
6 충과 효 (한국사 편지 3권 105쪽 참고)

생각 한 걸음
생각책 062쪽

생각 두 걸음
생각책 063~065쪽

[😊👧] 표시는 이 책으로 공부한 어린이들이 실제로 쓴 답안 중에서 적절한 것을 골라 실은 것입니다. 만약 지금 문제를 풀고 있는 어린이가 다소 다른 대답을 하더라도 문항의 핵심을 충분히 이해했다면 어린이의 다양한 생각을 존중해 주세요.

1 😊👧

오죽헌 (강릉)	이이	이이가 태어난 집. 주변에 검은 대나무가 많아 오죽헌이라 한다.
산천재 (경남 산청)	조식	조식이 지리산이 보이는 경남 산청에 지은 학당이다.
도산서원 (경북 안동)	이황	퇴계 이황을 제사 지내는 곳. 이황이 제자들을 가르치던 도산서당 뒤편에 있다. 조선 시대 성리학 연구의 본거지였다.

2 😊👧

	성리학에 대한 생각
화담 서경덕	세상의 모든 사물은 '기'로 이루어져 있으며, '기'는 고정되어 있는 것이 아니라 끊임없이 변화하는 것이다. 삶과 죽음도 마찬가지여서 시작도 끝도 없고 끊임없이 이어지는 연속 상태이다.
남명 조식	성리학의 뜻은 앞서간 학자들이 다 밝혀 놓았다. 그러니 지금의 학자들은 모르는 것을 걱정할 게 아니라 실천하지 않는 것을 걱정해야 한다.
율곡 이이	'이'와 '기'를 나누려는 사람은 참 진리를 깨닫지 못한 사람이다. '이'와 '기'가 묘하게 함께 어우러져 있는 것은 깨닫기도 어렵고 설명하기도 어렵다.

3 😊👧

같은 점: 공부하는 교실이 있고 도서관, 강당, 원장실(교장실)이 있다.

다른 점: 도산 서원에는 요즘 학교에는 없는 노비들이 사는 곳과 제사를 지내는 사당이 있다. 도산 서원에는 출판소가 있는데, 요즘 학교에서는 보기 힘들다.

깊이 생각하기
생각책 066쪽

1 😊 충과 효가 세상을 평화롭게 사는 데 가장 기본이라고 생각했기 때문이다. 충을 중요하게 생각하면 왕에게 충성해야 한다는 마음을 갖게 하므로 반란, 반역 등이 일어나지 않아 나라에 질서가 생긴다. 또 효를 중요하게 생각하면 부모와 윗사람에게 예의를 갖추고 행동하게 되므로 사람들 사이가 편안해진다.

👧 충과 효는 성리학의 기본 사상이었기 때문이다. 조선 시대에는 성리학의 중심 사상이 널리 퍼졌기 때문에 왕에게 충성하고 부모에게 효도를 다하는 것이 당연하게 받아들여졌을 것이다.

2 👦 성리학을 바탕으로 한 새로운 법이 필요했기 때문이다. 조선은 성리학을 나라를 다스리는 중심 사상으로 삼았기 때문에 그것에 맞는 질서를 세우기 위한 법이 필요해서 《경국대전》을 만들었을 것이다.

👧 조선의 생활과 환경에 맞는 법을 만들어야 했기 때문이다. 《경국대전》이 만들어지기 전에는 중국의 법을 사용했기 때문에 우리나라와 맞지 않는 부분이 많았을 것이다. 그래서 법이 있어도 잘 지켜지지 않거나 필요 없는 법도 있었을 것이다.

👦 세상이 점점 더 복잡해졌기 때문에 다양한 분야의 법이 필요해서 《경국대전》을 만들었을 것이다. 정치, 경제, 사회, 문화 등 여러 분야의 법이 만들어졌다는 것이 그만큼 세상이 어지럽고 복잡했다는 의미가 된다.

3 👧 조상 대대로 전해지던 불교와 전통 신앙 때문에 쉽게 받아들여지지 않았을 것이다. 오랜 시간 동안 불교와 전통 신앙에서 가르치는 내용을 믿고 생활에 적용해 살았기 때문에 너무 익숙해서 새로운 사상을 받아들이는 데 어려웠을 것이다.

👦 성리학의 내용이 어려워서 받아들이기 쉽지 않았을 것이다. '이', '기'처럼 너무 어려운 내용을 다루었기 때문에 백성들이 쉽게 이해할 수 없어 받아들이는 데 오래 걸렸을 것이다.

내가 쓰는 편지

나의 친구 성빈에게

나는 오늘 터미널에 볼일이 있어서 갔다가 역 주변에서 구걸하는 사람을 보았네. 그 사람을 보니 불쌍한 마음이 들더군. 그 사람은 돈도 없고 친구도 없고 사회에서도 밀려나 가진 것이 없지 않은가. 하고 싶은 것도 못하고 얻고 싶은 것도 얻지 못할 테지. 그 사람들을 보

생각 펼치기

생각책 067쪽

이 책으로 공부한 어린이들의 실제 답안을 그대로 실었습니다. 어린이들의 다양한 생각과 관심을 파악할 수 있을 것입니다.

니 저절로 측은지심이 생기더군. 그래서 주머니를 털어서 돈을 조금 드리고 왔네. 자네도 나와 같은 일을 경험한 적이 있는가? 자네는 이 일을 어떻게 생각하는지 참 궁금하네.

2014년 3월 2일 진석이가

친구의 답장

진석에게

자네의 편지는 잘 받아 보았네. 편지를 읽어 보니 느껴지는 게 있더구먼. 남을 불쌍하게 여기는 마음이 얼마나 소중하고 아름다운지 알게 되었네. 나는 자네와 같은 경험은 없었지만, 측은지심의 깨달음을 얻어서 정말 기쁘네. 다음에도 편지를 주고받으며 서로의 생각을 나눠 보는 게 어떻겠는가.

2014년 3월 2일 성빈이가

[대화초6 오진석, 한내초6 배성빈]

내가 쓰는 편지

동진이에게

안녕? 나 현아야.

난 생활하면서 수오지심이 가장 중요하다고 생각해. 수오지심은 자기의 잘못을 부끄러워하고 남의 잘못을 미워하는 마음이지! 자기의 잘못을 인정하면 겸손해질 수 있고, 남의 잘못을 비웃지 않고 미워하면 나는 그런 행동을 안 하게 되니까 그것 또한 겸손해지는 방법 중 하나라고 생각해.

너는 수오지심에 대해 어떻게 생각해? 네가 가장 중요하다고 생각하는 것을 써서 답장 부탁해.

2014년 3월 27일 현아가

친구의 답장

현아에게

안녕~ 현아야. 너의 편지 잘 읽었어.

나도 수오지심이 필요한 건 알고 있어. 하지만 가장 중요하다고 생각하진 않아. 왜냐하면 나의 잘못을 부끄러워할 수는 있지만 뉘우치고 고치는 것은 힘든 일이거든. 또 남의 잘못을 미워하면 내가 남의 잘못처럼 똑같이 했을 때 남도 나를 미워하게 될 거야. 그럼 사이가 나빠질 수 있잖아. 그래서 난 사단 중에서 '측은지심'이 가장 중요하다고 생각해. 왜냐하면 친구가 폭력을 당했을 때 '측은지심'을 가지면 그 친구를 구할 수 있기 때문이야. 측은지심도 갖고 수오지심도 있다면 정말 멋진 사람이 되겠다!

그럼 이만.

2014년 3월 27일 동진이가

[일월초5 이현아, 송림초5 성동진]

역사와 뛰놀기
생각책 068쪽

[송림초5 성동진]

[일월초5 이현아]

사림의 등장과 '사화' 1498년

07

학습 목표
1. 훈구파와 사림파를 알아본다.
2. 4대 사화를 알아본다.
3. 촌극 대본으로 인형극을 해 본다.

생각 한 걸음
생각책 072쪽

1 사림파 (한국사 편지 3권 110쪽 참고)
2 사화 (한국사 편지 3권 110쪽 참고)
3 수양 대군(세조) (한국사 편지 3권 111쪽 참고)
4 조의제문 (한국사 편지 3권 113쪽 참고)
5 중종반정 (한국사 편지 3권 115쪽 참고)
6 향교, 서원 (한국사 편지 3권 119쪽 참고)

생각 두 걸음
생각책 073~075쪽

[🐵 👧] 표시는 이 책으로 공부한 어린이들이 실제로 쓴 답안 중에서 적절한 것을 골라 실은 것입니다. 만약 지금 문제를 풀고 있는 어린이가 다소 다른 대답을 하더라도 문항의 핵심을 충분히 이해했다면 어린이의 다양한 생각을 존중해 주세요.

1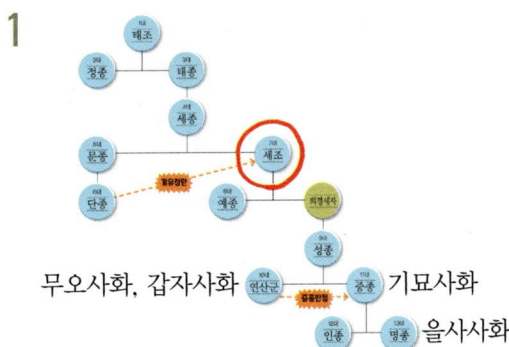
무오사화, 갑자사화   기묘사화
                    을사사화

2 ❶❷❸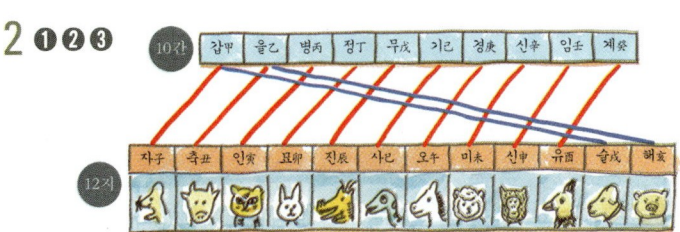

028

❹ ■ 기묘(己卯) / ■ 을사(乙巳) /
■ 병진(丙辰) 무오(戊吾) 경신(庚申) 계해(癸亥)

❺ 1504년

3
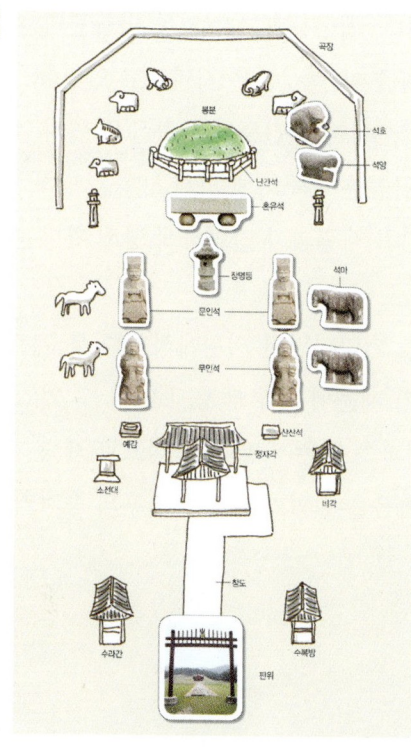

😊 능이 가까워야 왕이 자주 갈 수 있다. 왕이 능에 갔을 때 나라에 위급한 일이 생기면 빨리 한양으로 돌아올 수 있다.

1 😊 성종은 훈구파가 막강한 권력을 이용하여 옳지 못한 방법으로 이익을 챙기는 것이 싫었다. 삼사는 관리의 잘잘못을 비판하고 충고할 수 있는 자리였기 때문에, 사림파를 삼사에 등용하면 왕이 나서기 전에 사림파가 알아서 훈구파의 잘못을 지적하고 바로잡을 수 있도록 도울 것이라고 생각한 것 같다.
😊 성종은 훈구파의 세력이 너무 강해지자 훈구파를 견제하기 위해 사림파를 등용했다. 성종은 서원에서 공부한 젊고 똑똑한 사림파가 자신을 도와줄 것이라고 기대했다.

2 🐵 사화는 '욕심 많은 선비들의 쓸데없는 전투'이다. 훈구파의 욕심을 채우기 위해 싸운 것인데 결국엔 훈구파가 모두 세력을 잃게 되었으니 쓸데없는 싸움이 됐다.

깊이 생각하기
생각책 **076**쪽

👧 사화는 '사림파의 수난'이다. 사화는 훈구파가 자신들이 권력을 모두 차지하기 위해 수많은 사림파를 죽였기 때문에 사림파의 수난이다.

👦 '민무파투(民無派鬪)'이다. 백성들과 상관없는 당파들의 싸움이다. 훈구파와 사림파가 싸울 때 백성들은 지켜보고 있었다.

👧 사화는 '사사(死)'이다. '사림파의 인물들은 죽음을 면치 못한다' 라는 뜻으로 사림파 인물들은 훈구파에 의해 사형을 당하거나 유배를 갔기 때문이고, 그만큼 사림파가 잔인하게 당해 왔다는 뜻이기도 하다.

3 👦 사림파들은 때가 오기를 기다리면서 서원에서 제자를 기르면서 힘을 조금씩 키워 나갔기 때문에 최후의 승자가 될 수 있었다.

👧 사화에서 살아남은 사림파는 향촌(지방)을 중심으로 세력 기반을 단단히 하고 백성들의 마음을 얻었기 때문에 최후의 승자가 될 수 있었다.

생각 펼치기
생각책 077쪽

이 책으로 공부한 어린이들의 실제 답안을 그대로 실었습니다. 어린이들의 다양한 생각과 관심을 파악할 수 있을 것입니다.

무오사화

이극돈: (종이 한 장을 유자광에게 내밀며) 이 글 좀 보시오. 젊은 학자들이 큰일을 저지를 듯합니다. 세조 임금 때의 일을 써서 선왕이신 성종 임금을 욕되게 하였으니 신하로서 어찌 가만히 앉아만 있을 수 있겠소?

유자광: (종이를 유심히 보다가 놀라는 듯 말한다.) 이 글을 쓴 사람이 김종직이라고 하였소?

이극돈: 그렇소.

유자광: (다급하게) 빨리 이리로 좀 와 보시오.

이극돈: (유자광에게 다가가 앉는다.)

유자광: 이 글을 잘 보시오. 세조를 비난하다니, 그건 세조가 단종을 쫓아내고 왕위에 오른 일이 잘못되었다는 말일뿐만 아니라 세조의 뒤를 이은 성종과 그 뒤를 이은 지금의 우리 폐하의 즉위마저도 잘못되었다는 말 아니겠소?

이극돈: (무릎을 탁 치며 벌떡 일어난다.) 옳거니! 그렇다면 우리 이 글을 즉시 상감마마에게 아룁시다. 일이 잘되면 사림파의 관리들도 싹 쓸어버릴 수 있을 것이오.

이극돈: (종이를 유자광에게서 낚아채어 연산군의 침소 앞에 간다.)

연산군: 게 누구냐?

이극돈: 상감마마, 소신은 훈구파의 이극돈이옵니다.

연산군: 들어오너라.

이극돈: (절을 한 번 한 뒤 종이를 연산군에게 내민다.) 이것은 사림파의 김종직이 쓴 글이온데 상감마마의 즉위를 비판하고 있사옵니다.

연산군: 아니, 안 그래도 눈엣가시 같았던 차인데 잘됐구나. 여봐라! 김종직이 세조 대왕을 욕하였으니 그 죄가 무겁도다. 김종직을 엄벌에 처하도록 하라!

신하: 전하, 황공하오나 김종직은 이미 세상을 뜬 지 오래이옵니다.

연산군: 무엇이라? 그래도 그자의 죄가 너무 무겁다. 김종직에게 부관참시 형벌을 내리고 남은 사림파의 신하들을 모두 사형에 처하겠노라.

[용남초6 안자연]

기묘사화

홍경주: (희빈 홍씨에게 비밀스러운 목소리로) 마마 제가 하라는 대로 상감마마께 가서 말씀 드리십시오. 모든 것이 우리 뜻대로 될 것이옵니다.

희빈 홍씨: (매우 떨리는 목소리로) 전하, 제가 궁궐 뜰에서 이런 걸 주웠사옵니다.

중종: (별일 아닌 듯이) 이게 무엇이오? 나뭇잎을 벌레가 갉아 먹은 것 아니오?

희빈 홍씨: (의미심장한 목소리로) 아무래도 뭔가 특별한 뜻이 담긴 것 같습니다.

중종: (낮은 목소리로) 아니, 자세히 보니 '주초위왕'이라고 쓰여 있지

않소?

희빈 홍씨: '주'와 '초'를 합치면 '조'가 아닙니까? 이 뜻은 조광조를 뜻하는 것이 분명합니다.

중종: (매우 놀라며) 그렇다면… 조광조가 왕이 된다는 뜻이요? 조광조를 당장 잡아들여라!!

신하: 네히~~

중종: (매우 화난 목소리로) 조광조 네가 감히 왕의 자리를 빼앗으려고 했단 말이냐?

조광조: (우는 목소리로) 아니옵니다. 전하, 이건 오해입니다.

중종: 음, 못 참겠다. 저 놈에게 사약을 내려라!

조광조: (울며) 너무 억울합니다! 전하~
 (사약을 마시며) 꿀꺽 꿀꺽… 꽥.

[송림초5 성동진]

조선 시대 사람들의 의식주

1546년

08

학습 목표
1. 조선 시대 사람들의 생활을 알아본다.
2. 의식주에 담긴 조선 시대 사람들의 생각을 알아본다.
3. 내가 살고 싶은 집을 소개하는 글쓰기를 해 본다.

생각 한 걸음
생각책 **082**쪽

1 저고리 (한국사 편지 3권 126쪽 참고)
2 장옷, 쓰개치마, 너울 (한국사 편지 3권 126쪽 참고)
3 가체 (한국사 편지 3권 128쪽 참고)

4 포 (한국사 편지 3권 129쪽 참고)

5 숟가락 (한국사 편지 3권 132쪽 참고)

6 사랑채는 양반 남자가, 안채에는 양반 여자가, 행랑채에는 노비가 살았다. (한국사 편지 3권 135쪽 참고)

생각 두 걸음
생각책 083~085쪽

1

★ 회 또는 편육 중 하나만 선택해서 붙이세요.

[😊 👩] 표시는 이 책으로 공부한 어린이들이 실제로 쓴 답안 중에서 적절한 것을 골라 실은 것입니다. 만약 지금 문제를 풀고 있는 어린이가 다소 다른 대답을 하더라도 문항의 핵심을 충분히 이해했다면 어린이의 다양한 생각을 존중해 주세요.

2 ❶ 😊 처마가 깊어야 비가 많이 올 때 비가 안쪽으로 들이치지 않고, 햇볕이 강할 때는 그늘을 만들어 주기 때문이다.

❷ 👩 분합문을 사용하면 여름에 바람이 잘 통해서 시원할 것이다. 집안에 큰 행사가 있어서 많은 사람이 모였을 때 공간을 넓게 사용할 수 있다.

❸ 😊 조상에게 제사를 지냈다.

❹ 👩 집 주인의 권위를 상징했을 것이다. 가문의 전통을 상징했을 것이다.

3 😊 조선 시대에는 만드는 방법에 따라 참 다양한 도자기가 있었던

것 같다. 안료의 색깔에 따라 다른 색의 그림이 나타나는 것이 아름답고, 신기하다.

도자기에 그려진 그림을 보면, 대나무, 꽃, 나뭇잎 모양이 많다. 조선 시대 사람들은 자연의 아름다움을 도자기에 담으려고 했던 것 같다.

도자기의 모양이 날씬하고, 정교하다. 뾰족하고 가느다란 주둥이를 어떻게 만들었는지 신기하다. 조선 시대 도공들은 손재주가 매우 뛰어났나 보다.

깊이 생각하기
생각책 086쪽

1. 조선은 엄격하게 신분이 나뉘어 있었다. 그래서 옷차림을 다르게 해서 신분이 나타나게 하고, 낮은 신분의 백성들이 높은 신분을 감히 넘볼 수 없게 하려고 그랬을 것이다.

   신분에 따라 직업이 달랐고, 높은 신분의 사람들은 돈을 더 많이 벌었을 것이다. 그래서 좋은 옷을 입었고, 신분이 낮은 사람은 돈이 없어서 싼 옷을 입다 보니 옷차림이 자연히 정해졌을 것이다.

   양반과 평민, 노비는 하는 일이 달랐다. 그래서 양반들은 멋을 부려도 움직이는 데 불편함이 없었고, 평민이나 노비들은 일해야 했기 때문에 주로 활동하기에 편한 옷을 입다 보니 자연스럽게 양반의 옷과 평민의 옷, 노비의 옷이 나뉘게 된 것이다.

2. 시대에 따라 사람들의 생활 방식이 다르기 때문이다. 각자의 생활 방식에 맞추어서 하루에 먹는 끼니의 수가 달라질 수 있다.

   다른 나라와 교류하면서 새로운 음식 재료가 들어왔기 때문이다. 새로운 재료로 요리하면서 새로운 맛을 알게 되고 식생활도 달라졌다.

   사람들이 '예의 바른' 행동을 평가하는 기준이 시대에 따라 변하기 때문이다.

3. 한옥은 건강에 좋다. 한옥을 지을 때 쓰이는 재료는 모두 자연에서 가져온 것이다. 나무, 흙, 한지 등으로 집을 지으면, 건강을 해치는 환경 호르몬도 나오지 않아서 한옥에 사는 사람은 건강해진

다. 또한 오래된 한옥을 헐어서 아무데나 버린다 해도 심한 환경 오염이 되지 않을 것이다.

👧 한옥은 마당이 있고, 1층이라서 좋다. 마당이 있으니까 애완동물도 키울 수 있고, 꽃과 나무를 키울 수도 있다. 또, 1층이라서 마음껏 뛰어놀 수 있으니까 좋다.

😊 공간이 나뉘어 있어서 좋다. 사랑채, 안채, 행랑채 등 사용하는 공간이 따로 나뉘어 있으니까, 부모님과 아이들이 간섭받지 않는 각자의 공간을 가질 수 있다.

생각 펼치기
생각책 087쪽

이 책으로 공부한 어린이들의 실제 답안을 그대로 실었습니다. 어린이들의 다양한 생각과 관심을 파악할 수 있을 것입니다.

내가 살고 싶은 집은 산이 바로 뒤에 있고, 마당도 있는 집이다. 그 마당 둘레에 둥글게 나무 울타리를 치고 예쁜 간판도 세우고 싶다. 그리고 그 울타리 안에 자그마한 연못을 만들어 잉어들이 살게 하고, 사람이 집으로 가는 길을 남겨 두고 반 정도의 땅은 꽃밭으로 만들고 싶다. 마당 중간에 너무 크지 않은 3층 집을 지어 놓고 1층에는 부엌과 안방, 거실, 서재, 화장실을 각각 만들 것이다. 2층에는 1층이 내려다보일 수 있을 만큼의 공간을 가운데 뚫어 두고 짧은 복도를 만든 후, 복도 양편으로 내 방과 할머니 방, 동생 방, 화장실 등을 만들 것이다. 그리고 별도의 작은 공간을 마련해 제2의 거실처럼 탁자와 의자, 책들을 두고 싶다. 또한, 창문을 크게 만들어 커튼을 걷으면 햇빛이 쏟아져 들어오게 하고 싶다. 마지막 층인 3층에는 작은 다락방을 만들어 손님이 왔을 때는 보이지 않는, 우리 가족만의 비밀 공간 같은 곳으로 만들고 싶다. 그곳에는 오래되어 안 쓰는 물건이나 일기장, 재활용할 수 있는 물건들과 악기를 두어 악기 연주를 할 때는 그곳에서 아무도 안 들리게 할 수 있었으면 좋겠다. 따로 3층으로 올라가는 계단은 만들지 않고 서재와 할머니 방구석에 울타리를 두어, 그 울타리로 난 작은 구멍을 통해 3층으로 올라가게끔 하고 싶다. 내 방은 아담하면서도 글을 쓸 만한 공간은 넉넉했으면 좋겠고, 벽지는 연한 노랑, 초록색 계통이면 좋겠다. 내 방 창문을 열면 산이 보이게 할 것이다. 그리고 나무로 된 침대 하나, 책상과 의자, 책장 4개를 놓을 것이다. 또 책상에 작은 노트북을 놓은 다음 프린터와 스피커를 연결할 것이다. 작은 기타와 피아노를 놓을 공간도 있었으면 좋겠다. 벽에는 동생과 내 방이 연결되는 문도 하나 놓고 싶다. 마지막으로 집 뒤쪽의 남은 마당은 그냥 잔디밭으로 만들어 뛰어놀 수 있게 하고 구석에 사각형 모양의 모래사장도 작게 하나 만들고 싶다.

[용남초6 안자연]

내가 살고 싶은 집은 아파트가 아닌 주택이다. 집 앞에는 큰 호수와 넓은 정원이 있다. 주택은 이층집이고 총 열 개의 방이 있다. 아름다운 벽지를 바른 거실 중앙에는 하얀색 그랜드 피아노가 있고, 푹신한 소파와 의자가 놓여 있다. 소파와 의자의 밑에는 붉은색 카펫이 깔렸다. 부엌은 깔끔하게 디자인되어 있고, 온 가족이 앉을 수 있는 큰 식탁과 큰 냉장고가 있다. 아래층에 있는 다섯 개의 방 중에서 제일 큰 방은 내 방이다. 침대와 책상, 옷장, 책 등이 보기 좋게 정리되어 있다. 또 다른 방은 옷 방이다. 멋진 옷장에 옷들이 많이 걸려 있다. 또 다른 방에는 멋진 신발들이 가득 차 있다. 또 다른 두 방은 친구나 친척들을 위한 손님방으로 꾸며 놓았다. 침대와 거울, TV, 개별 욕실, 책장들로 꾸며서 편하게 쉬다 갈 수 있다. 계단을 올라가면 2층이 있다. 2층에는 다섯 개의 방이 있는데, 방 하나당 열다섯 평 정도가 된다. 2층은 내가 키우고 싶은 동물들이 사는 곳이다. 강아지 방, 새들 방, 물고기 방, 새끼호랑이 방, 거북이 방으로 각각 나뉘어 있다. 나는 동물들에게 먹이도 주고 정원에서 뛰어놀기도 한다. 그런데 새끼호랑이는, 큰 호랑이가 되기 직전에 동물원으로 보낼 예정이다.

[대화초5 김근아]

09 조선 시대의 신문과 책
1554년

학습 목표
1. 조선 시대 신문과 책을 알아본다.
2. 《조선왕조실록》을 알아본다.
3. 책가도를 만들어 본다.

생각 한 걸음
생각책 092쪽

1 조보 (한국사 편지 3권 141쪽 참고)
2 승정원 (한국사 편지 3권 142쪽 참고)
3 조보소, 기별청 (한국사 편지 3권 142쪽 참고)
4 교서관 (한국사 편지 3권 147쪽 참고)
5 실록 (한국사 편지 3권 151쪽 참고)
6 사초 (한국사 편지 3권 151쪽 참고)

생각 두 걸음
생각책 093~095쪽

1 ❶ ㉠사초 ㉡초초 ㉢중초·정초 ㉣세초
  ❷ 여러 단계를 거쳐야 실록을 공정하게 기록할 수 있고, 어떤 내용을 어떤 사관이 썼는지 알 수 없도록 하기 위해서이다.

2 ❶ 전쟁이 났을 때 실록이 도난당하거나, 불에 타서 없어질 수 있기 때문이다.
  ❷ 산속에 사고를 지었기 때문에 관리할 사람이 필요했으므로 수호사찰을 지정하여 지키게 했다.

3

매화 해 달 무늬 벼루

먹   붓

종이

[표시는 이 책으로 공부한 어린이들이 실제로 쓴 답안 중에서 적절한 것을 골라 실은 것입니다. 만약 지금 문제를 풀고 있는 어린이가 다소 다른 대답을 하더라도 문항의 핵심을 충분히 이해했다면 어린이의 다양한 생각을 존중해 주세요.

👦 선비들이 글을 쓰고 공부할 때 꼭 필요한 물건들이기 때문이다.
👧 친구처럼 늘 가까이 두고 친하게 지내라는 뜻에서 그렇게 불렀다.

깊이 생각하기
생각책 096쪽

1. 👦 나라에서 발행하는 '조보'를 읽는 대부분 사람은 전국에 몇백 명밖에 되지 않는 양반들이었다. 나라에서는 중요한 정보가 양반 이외의 다른 사람들에게 알려지는 것을 그다지 원하지 않았기 때문에 조보 등의 신문과 책을 적은 양만 생산하게 된 것이다.
👧 종이나 활자 만드는 비용이 비쌌기 때문에 대량 생산하기 어려웠을 것이다.
2. 👦 왕은 자신에 대해 좋지 않은 기록이 남지 않게 말과 행동을 조심하게 되고, 신하나 백성들에게도 함부로 대하지 못하였을 것이다. 신하들도 자신이 권력이 있다고 해서 마음대로 정치를 하거나 나쁜 짓을 하지는 못하였을 것이다.
3. 👧 조선 사람들이 다양한 기록을 남긴 이유는 역사를 중요하게 여기는 유교 사상 때문이었다. 유교에서는 옛사람의 말과 행동에서 모범을 찾았다고 한다. 그래서 자신들의 말과 행동도 훗날 후손들에게 참고가 되게 하려고 많은 시간을 들여 '실록' 등의 기록이 담긴 책을 만들었을 것이다.

생각 펼치기
생각책 097쪽

이 책으로 공부한 어린이들의 실제 답안을 그대로 실었습니다. 어린이들의 다양한 생각과 관심을 파악할 수 있을 것입니다.

　정보화 시대의 장점은 어떤 정보든 인터넷이나 휴대 전화를 이용해서 쉽게 찾을 수 있어 편리하다는 것이다. 하지만 중요한 정보가 해킹으로 빼돌려지면 매우 위험해질 수 있다. 국가의 중요한 군사 정보나 기업의 중요한 정보가 스파이에게 해킹되면 엄청난 손해를 볼 수 있다. 이것은 정보화 시대의 단점이다. 그런데 만약 반대로 우리에게 필요한 중요한 정보를 빼 올 수 있다면 그것은 또 정보화 시대의 장점일 수도 있다. 또 인터넷에서 쉽게 찾은 정보는 정확하지 않은 내용일 수도 있다. 잘못된 정보를 진짜인 줄 알고 사용했다가는 큰 싸움이 일어날 수도 있다. 정보를 찾을 때는 진짜 정보가 맞는지 잘 알아봐야 한다.

[송림초5 성동진]

정보화 시대의 장점은 정보를 찾는 방법이 매우 쉽고 간단해서 빠르고 쉽게 똑똑해질 수 있다는 것이다. 인터넷이나 휴대 전화 등을 통해서 많은 정보와 지식을 찾을 수 있기 때문에 예전보다 똑똑해지기가 쉽다. 그러나 해킹을 하거나 거짓 정보가 나올 수 있다는 단점도 있다. 즉 빠르게 내 정보를 도둑맞거나, 거짓 정보로 쉽고 빠르게 멍청해질 수도 있다.

[일월초5 이현아]

정보화 시대에는 사람들이 많은 노력을 하지 않아도 쉽게 정보를 얻을 수 있다는 장점이 있다. 그래서 모르는 것이 생겼을 때, 정보를 통해 사람들은 모르는 것을 쉽게 알 수 있다. 또, 내가 가진 정보를 인터넷을 이용하여 다른 사람들에게 빠르고 편리하게 전달할 수 있다는 장점이 있다.

하지만 단점도 있다. 그 많은 정보 중에 잘못된 정보가 있을 수 있기 때문에 정보를 선택할 때 조심해야 한다. 그리고 언제든지 정보를 얻을 수 있어서 모르는 것이 생겼을 때, 궁금해하지 않게 된다. "나중에 찾아보면 돼."라고 생각하기 쉽기 때문이다.

[황룡초6 최서영]

정보화 시대의 장점
조선 시대에는 그날 있었던 일이 마을에 소문이 퍼지려면 최소한 1주일은 있어야 했겠지만, 정보화 시대인 지금은 아무리 먼 거리라도 인터넷과 전화, TV 등을 통하여 쉽고 빠르게 정보를 보내고 얻을 수 있다. 예를 들어 태풍 주의보 같은 것을 미리 알리고 알 수 있어서, 자연재해를 미리 대비하여 피해를 줄일 수 있다. 그리고 뉴스나 신문 등을 통해 일반인들도 나라가 돌아가는 사정을 알 수 있으며, 우리나라

뿐 아니라 세계 곳곳에서 무슨 일이 일어났는지도 그 일이 일어난 날 인터넷을 통해 알 수 있다.

정보화시대의 단점

정보화 시대의 단점은 정보가 쉽게 유출될 수 있다는 점이다. 인터넷과 같은 고급 정보 기술이 늘어가는 만큼 정보를 노리고 전문적으로 해킹하는 사람들의 기술도 발전하고 있다. 그래서 그에 맞설 만한 보안 시스템을 만들고 있지만, 해킹의 속도는 따라 잡기 힘들다. 그 결과 나라의 정말 중요한 비밀 정보가 해킹될 수 있다. 나라뿐 아니라 개인정보도 유출될 확률이 크기에 조선 시대 때보다 더 조심해야 한다.

[용남초6 안자연]

역사와 뛰놀기
생각책 098쪽

[일월초5 강예린]

[일월초5 유서은]

10 조선의 3대 도적

1559년

학습 목표
1. 조선 시대 3대 도적을 알아본다.
2. '의적'의 의미를 알아본다.
3. 조선 시대 3대 도적에 관한 내용으로 '미로 찾기'를 해 본다.

---

1 《성호사설》 (한국사 편지 3권 161쪽 참고)
2 허균 (한국사 편지 3권 158쪽 참고)
3 임꺽정 (한국사 편지 3권 159쪽 참고)
4 황해도 구월산 (한국사 편지 3권 161쪽 참고)
5 장길산 (한국사 편지 3권 163쪽 참고)
6 중국으로 오가는 사신들이 필요한 물품을 부담해야 했고, 왕에게 바쳐야 하는 특산물의 종류와 양이 많아서 백성들이 힘들었기 때문이다. (한국사 편지 3권 162쪽 참고)

생각 한 걸음
생각책 102쪽

---

1 ❶ 😊 힘들고 고단한 일, 사람들이 별로 하고 싶어 하지 않는 일을 주로 한 것 같다.

❷

❸ 😊 조선 시대 사람들은 신분 제도가 있었기 때문에 천민들이 힘들고 고단한 일을 하는 것을 당연하게 여기고 별 미안한 마음 없이 무시하고 깔봤을 것 같다.

생각 두 걸음
생각책 103~105쪽

[😊 😊] 표시는 이 책으로 공부한 어린이들이 실제로 쓴 답안 중에서 적절한 것을 골라 실은 것입니다. 만약 지금 문제를 풀고 있는 어린이가 다소 다른 대답을 하더라도 문항의 핵심을 충분히 이해했다면 어린이의 다양한 생각을 존중해 주세요.

3 ❶ **홍길동:** 연산군, 체포된 뒤 의금부에 갇힘.

　임꺽정: 고리백정, 황해도 구월산, 부자들의 물건을 훔쳐 가난한 백성들에게 나눠 줌.

　장길산: 숙종, 광대, 승려 운부와 함께 한양으로 쳐들어가 새로운 나라를 세우려 함.
토벌대에게 잡히지 않고 행방을 감춤.

❷ 홍길동 — ㉠　　임꺽정 — ㉢　　장길산 — ㉡

깊이 생각하기
생각책 106쪽

1 😊 조선 시대에는 먹고살기 힘들고 세금을 낼 수 있는 여유가 없어 도둑이 되는 백성들이 많았다. 그리고 힘없는 백성들을 함부로 대하고 무시하는 양반들도 미웠을 것이다. 그래서 백성들은 큰 도적들을 자신들을 대신해서 싸워 주는 의적이라고 생각하고 믿고 도와주었기 때문이라고 생각한다.

　👧 백성들의 재물을 빼앗는 못된 탐관오리에 맞서려는 사람들이 생겨났기 때문이다.

2 👦 저마다 생각이 다르기 때문이다. 자신의 입장에 따라서 도적들이 백성들을 위해 나라의 재물을 훔치는 것을 마음에 들어 하지 않는 사람들도 있고, 백성들을 위한 행동이라고 생각하는 사람들도 있었을 것이다.

👩 도적들 때문에 손해를 보는 사람과 이익을 보는 사람이 있었기 때문이라고 생각한다. 돈이 있는 양반은 자신이 가지고 있는 것을 뺏길까 봐 두려웠을 것이고, 백성들은 도적들이 나눠 준 곡식으로 굶지 않게 되었다고 고마워했을 것이다.

3 👦 그 사람들을 훌륭한 의적이라고 생각하기 때문이다. 시간이 흘러도 남을 위해 행동하는 사람들을 본받으려는 생각은 변함이 없다고 생각한다.

👩 도적이라는 이름으로 남을 도와주는 모습이 착하고 멋지기 때문이다.

👨 이 세 도적들에 대해 정확한 내용이 남아 있지 않아서 신비스럽고 상상하기 좋기 때문이다.

👩 '의적'이라는 단어에 호기심이 생기고 신기하고 용감해 보이기 때문이다.

생각 펼치기
생각책 107쪽

이 책으로 공부한 어린이들의 실제 답안을 그대로 실었습니다. 어린이들의 다양한 생각과 관심을 파악할 수 있을 것입니다.

내 주장
나는 정직하지 않은 방법으로 돈을 번 양반이나 부자의 재산을 훔쳐 가난한 백성들을 도와주는 것은 옳은 행동이라고 생각한다.

근거 쓰기
① 조선 시대에 부자와 양반 중에서 정직하게 돈을 번 사람은 많지 않다고 생각한다. 만약 정직하게 돈을 번 사람이라면 끈기 있고 성실하고 착한 사람일 것이다. 그런 사람은 어려운 이웃을 도와줬을 것이므로 그렇게 많은 돈을 가지고 있지는 않을 것이다.

② 자기만 재산을 가지고 당장 먹을 음식도 없어 굶주리는 사람들을 외면하는 것만으로도 큰 죄이기 때문에 벌을 받아야 한다.

③ **근거①**에서 정직하지 못하게 번 돈이라고 했는데, 정직하지 못하게 돈을 벌면 피해자가 생긴다. 그 피해자가 왕족이나 양반일 리가 없다. 대다수 피해자는 백성이고, 따라서 재산을 원래의 주인에게 돌려주려 한 홍길동, 임꺽정 등의 인물들은 옳은 일을 한 의적이다.

나는 홍길동, 임꺽정, 장길산 등 백성을 도와주는 도적들을 정의로운 의적이라고 생각한다. 내가 그렇게 생각하는 근거를 대 보겠다.

먼저, 조선 시대에 부자인 사람 중에 정직하게 돈을 벌어 가지고 있는 사람은 많지 않은 것 같다. 만약 그들의 재산이 정직하게 번 재산이라면 분명 그 사람은 성실하고 착한 사람일 것이다. 그런 사람이 왜 굶주린 백성들을 외면하겠는가? 분명 그런 사람은 백성들에게 재산을 나누어 주었을 것이고, 그렇게 되면 그 사람의 재산은 줄어들게 된다. 결국, 돈을 정직하게 번 사람들은 부자일 확률이 그렇지 않은 사람에 비해 많이 낮다는 것이다. 그렇다는 것은 부자는 거의 정직하지 못한 방법으로 돈을 벌었을 것이고, 만약 의적들이 그들의 집을 털어 갔다면 그것은 정직하지 못한 일에 대해 마땅히 져야 할 대가가 되는 것이다.

둘째, 위의 경우가 아니라 해도 굶주린 사람들을 보고도 도와주지 않고 자기의 재산만 챙겨서 자기만 잘사는 사람들도 벌을 받아 마땅하다. 조선 시대에 '착한 사마리아인 법'이 있었던 것은 아니지만 어려운 사람을 도와주는 것은 충분히 인간으로서 지켜야 할 도리라고 생각한다.

셋째, 첫 번째 근거에서 '정직하게 벌지 못한 재산'이라고 하였는데 그렇다면 그의 피해자가 있을 것이다. 따져 보면 그 피해자가 왕족이나 양반, 부자일 확률은 거의 없다. 그렇다는 것은 그 재물은 백성들에게서 뺏은 것이라는 이야기고, 그렇게 되면 의적들은 원래의 주인에게 다시 재물을 찾아 주는 게 되는 것이니까 전혀 잘못한 것이 없다.

만약 의적들이 벌을 받아야 한다면 위의 세 가지 이유에 해당되는 부자와 양반들도 벌을 받아야 마땅하며, 이러한 이유로 나는 홍길동, 임꺽정, 장길산의 행동이 옳다고 생각한다.

[용남초6 안자연]

내 주장

양반이나 부자의 재산을 훔쳐 가난한 백성을 도와주는 것은 옳은 행동이다.

근거 쓰기

① 백성을 도와주었기 때문이다.
② 부패한 사람들을 혼내 주었기 때문이다.

  물건을 훔친 사람은 도적이지만 그 물건을 자신이 가지지 않고 가난한 백성들을 도와주는 데 사용했기 때문에 이들은 의적이라고 생각한다.
  왜냐하면 부패한 사람들은 자기보다 가난하거나 신분이 아래인 것을 이용해 그들을 괴롭힌다. 그런데 의적이 나타나 부패한 사람의 것을 훔쳐 혼내 주고 그들에게 괴롭힘을 당한 백성이나 가난한 사람들에게 훔친 물건을 주었으니 이것은 정의로운 일이다. 부패한 사람을 혼내 주지 않고 그대로 두면 점점 더 나쁜 일을 할 수 있기 때문에 의적이 나서서 혼내 준 것은 잘한 일이다.

[일월초5 공윤배]

내 주장

양반이나 부자의 재산을 훔쳐 가난한 백성을 도와주는 것은 옳은 행동이다.

근거 쓰기

① 나쁜 양반의 물건만 훔쳤다.
② 훔친 물건을 갖지 않고 백성들에게 나눠 줬다.

  백성들을 괴롭혀 부자가 된 양반의 재산을 훔쳐 가난한 백성을 도와주는 것은 옳은 행동이다. 왜냐하면 남의 물건에 손을 댄 것은 나쁜 것이지만 그것을 자기가 갖지 않고 가난하고 힘든 백성에게 나눠 줬기 때문이다. 백성들 것을 빼앗아 부자가 된 양반의 재산을 빼앗아 다시 백성에게 돌려주었으니 원래 주인을 찾아 준 것이나 마찬가지다. 나쁜 의도가 아니고 좋은 의도에서 한 행동이었기 때문이 이들의 행동은 옳았다.

[송림초5 성동진]

내 주장

양반이나 부자의 재산을 훔쳐 가난한 백성을 도와주는 것은 옳지 않은 행동이다.

근거 쓰기

① 남의 재산이나 물건을 훔치는 것은 나쁜 일이다.
② 나라의 법을 지키지 않았기 때문이다.
③ 도움을 받는 사람도 떳떳하지 못했을 것이다.

아무리 가난한 백성을 도와주었다고 해도, 양반이나 부자의 재산을 훔치는 것은 옳지 못한 행동이다. 남의 재산이나 물건을 훔치는 것은 나쁜 일이다. 양반이나 부자 중에는 자기가 노력을 해서 부자가 된 사람도 분명히 있을 것이다. 그런 사람들은 자기의 재산을 빼앗겨서 억울했을 것이다. 또, 도적들은 나라에서 정한 법을 지키지 않았다. 나라가 잘 유지되려면 법이 중요한데, 도적들은 법을 지키지 않았기 때문에 그 행동은 옳지 못하다. 마지막으로, 백성들을 도와주고 싶으면 훔치는 일이 아닌 다른 방법을 찾았어야 한다고 생각한다. 가난한 백성들도 도움을 받아서 좋을 수는 있지만 훔친 물건을 받았기 때문에 그다지 떳떳하지 못했을 것 같다.

[대화초4 정 단]

역사와 뛰놀기
생각책 108쪽

11 임진왜란이 터지다
1592년

학습 목표
1. 임진왜란과 정유재란을 알아본다.
2. 왜란을 이겨낼 수 있었던 이유를 알아본다.
3. 이순신의 전술을 참고하여 나만의 전술을 만들어 본다.

생각 한 걸음
생각책 112쪽

1 도요토미 히데요시 (한국사 편지 3권 172쪽 참고)
2 의병 (한국사 편지 3권 173쪽 참고)
3 학익진 (한국사 편지 3권 175쪽 참고)
4 행주 대첩 (한국사 편지 3권 176쪽 참고)
5 정유재란 (한국사 편지 3권 178쪽 참고)
6 왜란 때 일본으로 끌려간 도자기 기술자들에 의해 일본의 도자기 기술이 크게 발전했기 때문이다. (한국사 편지 3권 180쪽 참고)

생각 두 걸음
생각책 113~115쪽

1 ❶❷❸

❹ 😊 왜군이 조선의 거의 모든 곳까지 침입했고, 여러 곳에서 의병과 관군이 왜군에 맞서 싸웠다. 그리고 명나라에서 조선을 돕기 위해 군대를 보냈다.

[😊😊] 표시는 이 책으로 공부한 어린이들이 실제로 쓴 답안 중에서 적절한 것을 골라 실은 것입니다. 만약 지금 문제를 풀고 있는 어린이가 다소 다른 대답을 하더라도 문항의 핵심을 충분히 이해했다면 어린이의 다양한 생각을 존중해 주세요.

047

2

👧 왜란 때 조선에는 다양한 재능을 지닌 사람이 많았고, 이 사람들과 이순신이 함께 일본에 맞서 싸웠기 때문에 해전에서 큰 승리를 할 수 있었다.

3 ❶

❷ 👦 조선 통신사 일행이 입은 옷과 모자가 신기하고, 낯선 악기로 훌륭한 연주를 하며 당당하게 행진하는 모습에 놀랐을 것이다.
👧 자신들이 새로 만든 건물과 길로 지나가는 조선 통신사를 환영하며 두 나라가 계속 사이좋게 지냈으면 좋겠다고 생각했을 것이다.
👦 평화를 위해 온 조선 통신사를 보고 조선과 전쟁을 했던 기억은 잊고 앞으로는 서로 사이좋게 지냈으면 좋겠다는 생각을 했을 것이다.

깊이 생각하기
생각책 **116**쪽

1 👦 조선은 오랫동안 평화를 지속하여 전쟁에 대한 준비가 되어 있지 않았고 일본이 전쟁을 일으키지 않을 것이라고 잘못된 판단을 했다. 그러나 일본은 분열되었던 나라가 통일되면서 힘을 하나로

모을 수 있었고, 새로운 무기와 훈련이 잘된 병사가 있었기 때문이다.

🧑‍🦰 조선은 긴 세월 동안 평화가 이어졌고 일본은 조선과 왕래를 하면서도 조선에 공격적인 면을 보이지 않았기 때문에 경계를 하지 않았다. 경계하지 않았기 때문에 준비하지 못해서 일본에게 고전한 것이다.

2 🧒 여러 곳에서 일어난 의병이 일본군과 싸웠고, 이순신, 권율 등의 관군도 큰 승리를 거두었다. 또 일본의 조총에 자극받아 새로운 무기도 만들었기 때문이다.

👦 평민, 의병, 승려, 양반 모두가 나라를 지키겠다는 마음으로 뭉쳤기 때문이다.

3 👦🧑‍🦰

조선	중국(명)	일본
-전국의 농토가 황폐해지고 수많은 백성이 죽거나 일본군에게 끌려갔다. 그리고 수많은 문화재들이 불타거나 일본으로 실려 갔다.	-조선에 원군을 보내느라 많은 힘을 써서 나라의 힘이 약해졌고, 결국 청나라에 멸망했다.	-도요토미 히데요시의 뒤를 이어 도쿠가와 이에야스가 최고 권력자가 되었고, 조선에서 끌고간 기술자들로 인해 경제와 문화가 발전했다.
-인구가 줄어들고 농사 지을 땅의 상태가 나빠져 먹고살기가 힘들어졌다. 그리고 기술자들이 많이 끌려가 기술이 뒤떨어지게 되었다.	-조선을 도와주느라 힘이 약해졌고, 일본이 다시 쳐들어오지 않을까 불안해 했다.	-전쟁하느라 많은 군사가 죽고 나라가 어려워졌지만, 조선에서 끌고 간 기술자들에게는 좋은 물건을 만들게 하고 기술이 없는 사람들은 농사를 짓게 하여 나라를 발전시켰다.

왜란 때 일본으로 끌려간 도공 김도자의 이야기

김도자는 오늘도 아침 일찍 눈을 떴다. 아침밥도 먹지 못하고 이른 아침부터 도자기소에 나가서 도자기를 만들어야 했다. 도자기를 만들다 보니 너무 배가 고파서 일본인 관리에게 사정을 해 보았다. 무뚝뚝한 일본인 관리는 생선 한 마리를 던져 주고는 계속 일을 재촉

생각 펼치기
생각책 117쪽

이 책으로 공부한 어린이들의 실제 답안을 그대로 실었습니다. 어린이들의 다양한 생각과 관심을 파악할 수 있을 것입니다.

했다. 작은 생선 한 마리였지만 너무 맛있었다. 급하게 생선을 먹고 몇 시간 동안 일을 했더니 손이 저려오고 눈도 침침해졌다. 김도자는 잠시 바닥에 앉아 침침한 눈을 비비고 있었는데, 일본인 관리가 다가와서 도자기가 급하다며 또다시 재촉을 했다. 도자기를 얼마나 많이 만들고 구웠는지 모르겠다. 어느새 날이 어두워졌다. 저녁은 보리밥과 생선반찬… 그것뿐이었지만 하루 종일 열심히 일을 해서인지 김도자는 불평 없이 저녁밥을 먹었다. 반찬도 달랑 한 가지 밖에 없는 저녁밥을 먹고 김도자는 잠자리에 누웠다. 잠자리에 누워 나라 생각 한 번, 가족 생각 한 번 하던 김도자는 어느새 코를 골며 잠이 들어버렸다.

[한내초6 배성빈]

왜란 때 일본으로 끌려간 도공 동진의 이야기

임진왜란이 터지고 동진이는 일본에 잡혀갔어요. 동진이를 잡아간 일본인들은 처음에는 귀족처럼 잘 대해 주며 동진이에게 도자기 기술을 가르쳐 달라고 했어요. 동진이도 그런 대접을 받으니 처음엔 기분이 좋았어요. 그런데 시간이 지나고 세월이 흐르자 일본인들은 도자기 비법만 빼앗아 가고 동진이는 노예 취급을 했어요. 동진이는 너무나 화가 났어요. 사실 동진이는 일본인들에게 최고 높은 기술은 아직 가르쳐 주지 않았어요. 동진이는 그곳을 탈출하고 싶었어요. 그래서 자신을 감시하던 일본군 몇 명을 죽이고 도망쳤어요. 동진이는 깊은 산속에 숨어 있다가 정유재란이 터졌을 때 은근슬쩍 일본군 옷을 입고 배를 타고 조선으로 넘어갔어요. 그리고 조선군에게 일본군의 약점을 알려 주고 조선을 위해 봉사했어요. 전쟁이 끝나고 동진이는 고향으로 돌아가 다시 도자기를 만들며 열심히 살았어요.

[송림초5 성동진]

왜란 때 일본으로 끌려간 도공 청자의 이야기

임진왜란 때 끌려간 도공 청자는 며칠 간 호화로운 생활을 했어. 그리고 며칠 뒤 일본 천황이 청자와 같이 끌려온 도공들을 한자리에 불러 모았어. 그리고는 이제 모두 일본 사람이 되었으니 일본을 위해 멋진 도자기를 만들어 달라고 부탁했어. 청자는 이렇게 극진히 대접을 해 주는데 기꺼이 도자기를 만들 수 있다고 생각했어. 그런데 도자기를 만들기로 결심하려는 순간 갑자기 천황의 첫마디가 걸리는 거야. '나는 조선인인데 왜 일본인이라고 하지? 인질로 끌려오듯 왔는데 이제 무조건 일본인이라고? 말이 되나?' 청자는 화가 났어. 하지만 일본을 도망쳐 나와 조선으로 돌아가기는 거의 불가능했어. 청자는 곰곰이 생각한 끝에 죽을 때까지 한복을 입고 조선의 전통을 지키겠노라고 결심하고 실천했어. 청자는 훗날 일본의 도자기 신이라고 불리는 최고의 장인이 됐어. 그리고 조선에서도 청자가 죽을 때까지 한복을 입고 조선의 전통을 지켰다는 이야기를 듣고 칭찬을 아끼지 않았대.

[일월초5 이현아]

12 청나라의 침입, '호란'

1627년

학습 목표
1. 정묘호란, 병자호란에 대해 알아본다.
2. 외교 정책의 중요성에 대해 알아본다.
3. 게임을 통해 조선 왕 이름을 익혀 본다.

1 남한산성 (한국사 편지 3권 185쪽 참고)
2 삼배구고두 (한국사 편지 3권 186쪽 참고)
3 광해군 (한국사 편지 3권 188쪽 참고)
4 인조반정 (한국사 편지 3권 190쪽 참고)

생각 한 걸음
생각책 **122**쪽

5 명나라를 받들고 청나라를 배척한다. (한국사 편지 3권 190쪽 참고)
6 척화파, 주화파 (한국사 편지 3권 192쪽 참고)

생각 두 걸음
생각책 123~125쪽

[😊🙂] 표시는 이 책으로 공부한 어린이들이 실제로 쓴 답안 중에서 적절한 것을 골라 실은 것입니다. 만약 지금 문제를 풀고 있는 어린이가 다소 다른 대답을 하더라도 문항의 핵심을 충분히 이해했다면 어린이의 다양한 생각을 존중해 주세요.

1 ❶

❷ 😊 첫 번째 침략은 청나라가 중국을 차지하기 위해 명나라를 총공격하기 전에 후환을 없애려고 먼저 조선을 공격한 것이다. 두 번째 침략은 첫 번째 침략했을 때 '형제의 나라'가 되겠다고 한 약속을 조선이 지키지 않았기 때문이다.

2 ❶❷

🙂 광해군은 강홍립에게 청나라에 항복하라는 밀명을 내렸다. 중립 외교 덕분에 전쟁을 피했지만, 반대하는 신하들에 의해 왕위에서 쫓겨났기 때문에 무덤이 화려하지 않다.

😊 인조는 청나라가 침입했을 때 남한산성에 숨어 있었다. 결국, 항복하고 청나라 황제에게 '삼배구고두'를 했다. 청나라 황제는 조선의 항복을 기념하여 삼전도비를 세웠다. 인조 장릉은 인조

와 인열 왕후의 무덤이다.
❸ 👦 부끄러운 역사라고 해서 감추려고 하기보다는 거울로 삼아 앞으로 그런 일이 없도록 대비해야 한다.

3 ❶❷
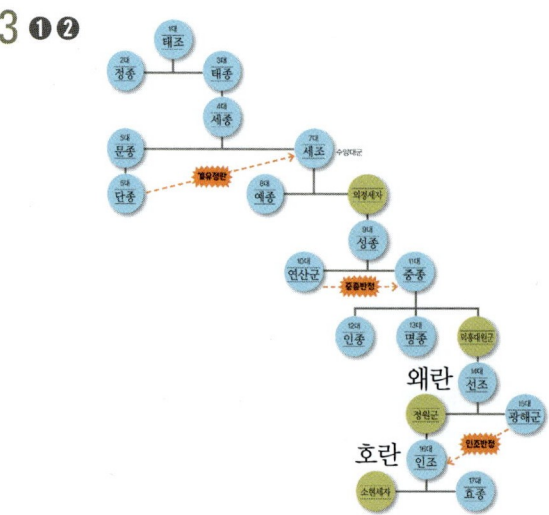

❸ 👦 광해군과 연산군은 왕이었지만, 그 자리에서 쫓겨났기 때문이다.

깊이 생각하기
생각책 **126**쪽

1 👦 왜란은 선조 때 일본이 침략해 온 전쟁이고 호란은 인조 때 청나라가 침략해 온 전쟁이다. 일본은 경제적인 이유와 여러 이유로 도요토미 히데요시가 앞장서서 조선에 쳐들어왔고, 청나라는 중립 외교를 했던 광해군의 원수를 갚는다는 이유로 조선을 침략했다.
👧 일본이 쳐들어온 왜란은 그 기간이 길었고, 청나라가 쳐들어온 호란은 그 기간이 짧았다. 왜란은 임진왜란, 정유재란을 거쳐서 7년이라는 기간 동안 조선 전국에서 전쟁이 계속되었고, 호란은 청나라가 쳐들어온 지 46일 만에 인조가 항복하면서 전쟁이 빨리 끝나게 되었다.
👦 왜란은 전국 각지에서 일어난 의병과 명나라 구원군, 이순신을 비롯한 수군이 잘 싸워서 조선을 지켜 낼 수 있었으나, 호란은 인조가 남한산성에서 항복하면서 소현 세자와 봉림 대군이 인질로 끌려갔고, 신하의 입장에서 청나라를 섬기게 되었다.

2. 🧑 광해군: 중립 외교를 해야 합니다. 명나라가 임진왜란 때 조선을 도와주기는 했으나, 지금은 청의 세력이 막강합니다. 혹시 명의 편을 들었다가, 명과 청의 전쟁에서 청이 이기면, 조선은 위기에 빠지게 될 것입니다.

인조: 명나라와 친하게 지내야 합니다. 예전부터 조선과 명나라는 형제의 나라로 지냈습니다. 그런데 힘이 약해졌다고 해서 명을 배신하는 것은 의리가 없는 행동입니다. 명을 위협하는 청을 오랑캐로 생각하고 절대 가까이하면 안 됩니다.

3. 🙂 외교 정책에서 중요하게 생각해야 하는 것은 우리나라의 이익입니다. 다른 나라와 교류를 하는 것도 결국은 나라가 잘되기 위해서 하는 일이기 때문입니다.

🙂 다른 나라와의 좋은 관계를 중요하게 생각해야 합니다. 관계가 좋아야 어려울 때 도움을 받을 수 있습니다. 평소에 잘 지내는 것이 결국 나라를 위하는 것입니다.

🙂 약속을 중요하게 생각해야 합니다. 나라 간의 약속을 어긴다면, 서로에 대한 믿음이 깨지게 됩니다. 그러면, 서로 힘든 일이 있을 때 어떤 도움도 받지 못합니다.

생각 펼치기

생각책 127쪽

이 책으로 공부한 어린이들의 실제 답안을 그대로 실었습니다. 어린이들의 다양한 생각과 관심을 파악할 수 있을 것입니다.

제목: 1637일 1월 30일, 가장 슬픈 날
날씨: 매우 추움

오늘은 내 생에 가장 비극적이고 슬픈 날이다. 조선 전체가 괴로워하는 역사에 남을 날이다. 우리의 왕 인조가 소현 세자와 청나라 황제 앞에서 절을 했다. 이는 우리 조선이 청나라의 신하가 되었다는 뜻이다. 그 옆에서 가만히 지켜볼 수밖에 없었던 나는 가슴이 찢어질 듯 아프고 고통스러웠다. 옆에서 아무것도 할 수 없었던 나 자신도, 이러한 결정을 할 수밖에 없었던 폐하도, 우리나라를 이 지경이 되도록 만든 원인인 청나라도 모두 원망스러웠다. 울고 싶어도 울지 못했고, 청나라의 황제에게 절을 하는 폐하께 어서 일어나시라고 일으켜 세워 드리고 싶어도 하지 못하였다. 나는 그 누구보다 폐하가 더욱 힘들어 하시는 것을 알아서 폐하에게 원망의 말 한마디도 할 수 없었다. 조국의 권리를 빼앗긴 슬픔은 그 어떤 슬픔과도 비교할 수 없을 만큼 크다. 며칠째 나뿐만 아니라 조선의 모든 백성은 슬픔에 잠겨 있다. 폐하, 아무 도움도 드리지 못하는 소신을 용서하십시오.

[용남초6 안자연]

제목: 오늘처럼 치욕스런 날이 또 있을까?

날씨: 매서운 바람

오늘 전하께서 천한 청나라 오랑캐 왕에게 절을 했다. 1번 절하고 3번 땅에 이미를 찧고를 3번 반복하셨다. 나는 소나무 무더기 뒤에서 분을 참으려 그 모습을 지켜보고 있었다. 얼마나 자존심이 상하던지…. 활짝 웃고 있는 오랑캐의 왕이 너무 보기 싫었다. 삼배구고두가 끝난 후 전하의 용안에는 피가 흘렀다. 오늘따라 전하의 피가 아주 짙고 검어 보였다. 언제쯤 이 일이 잊힐까? 쨍쨍한 날씨가 너무나도 야속했던 날이었다.

[일월초5 이현아]

제목: 조선의 완전한 패배

날씨: 마음속까지 추웠다.

1637년 1월 30일 오늘, 남한산성에 피신해 계시던 전하께서 청나라에 항복하기 위해 삼전나루로 나오셨다. 청나라 황제가 엄청나게 높은 단 위에 앉아 있고, 전하께서는 계단 밑에 초라하게 엎드리셨다. 항복의 뜻으로 절을 세 번씩 하시며 머리를 바닥에 부딪치실 때마다 머리에 피가 났다. 그런데 그때 나는 침통하고 슬프지만 묘한 기분이 들었다. 지난 일이 떠올랐다. 백성들을 버리고 남한산성으로 피난을 온 일, 중립 외교를 하시던 광해군을 쫓아낸 일, 나라 밖의 실정을 모르고 명나라만을 섬기려고 고집부린 일들이 생각나면서 한편으로 마음속이 통쾌하기도 했다. 전하께서는 왜 나를 비롯한 몇몇 신하들의 이야기를 무시하시고 이렇게 어리석은 선택과 행동을 하신 것인가. 신하로서 이런 생각을 해도 되는지 모르겠지만 전하의 행동이 한심하고 또 한심하다. 앞으로 우리 조선은 어찌 될 것인가.

[대화초5 남윤지]

당쟁은 왜 일어났을까?

1645년

13

학습 목표
1. 조선 시대 당쟁을 알아본다.
2. 탕평책을 실시한 이유를 알아본다.
3. 보드게임을 통해 당쟁을 정리해 본다.

생각 한 걸음
생각책 132쪽

1 당쟁 (한국사 편지 3권 201쪽 참고)
2 선조 (한국사 편지 3권 202쪽 참고)
3 사색당파 (한국사 편지 3권 202쪽 참고)
4 이조 전랑 (한국사 편지 3권 202쪽 참고)
5 장 희빈 (한국사 편지 3권 209쪽 참고)
6 탕평책 (한국사 편지 3권 211쪽 참고)

생각 두 걸음
생각책 133~135쪽

[😊👧] 표시는 이 책으로 공부한 어린이들이 실제로 쓴 답안 중에서 적절한 것을 골라 실은 것입니다. 만약 지금 문제를 풀고 있는 어린이가 다소 다른 대답을 하더라도 문항의 핵심을 충분히 이해했다면 어린이의 다양한 생각을 존중해 주세요.

1 ❶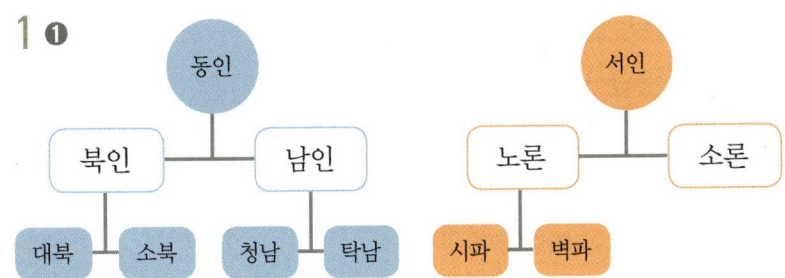

❷ 😊 집안, 출신 지역, 스승 등에 따라 비슷한 사람들끼리 서로 밀접한 관계를 맺고 모였기 때문이다.
👧 서로 생각이나 입장이 조금만 달라도 갈라져서 파를 만들었기 때문이다.

2 ❶ 😊 놋쇠 지구의에 그려져 있는 나라들을 보면서 다른 나라에 대

해 궁금했을 것 같고 자명종과 안경을 보면서 신기하고 편리한 물건이라고 생각했을 것 같다. 천주실의와 십자고상을 접하게 되면서 새로운 나라를 꿈꾸었을 것 같다.

❷ 👩 인조는 청나라에 당한 수모를 잊지 못하고 힘들어하고 있는데, 소현 세자가 청나라에서 가져온 물건들을 자랑하듯이 보여 주니 괘씸해서 화를 냈을 것이다.

👦 인조는 모든 사람이 평등하다는 서양의 사상이 지금의 신분 제도를 무너지게 할까 봐 두려워서 화를 냈을 것이다.

3 ❶ 1575년 이조 전랑 추천 문제

❷ 숙종

깊이 생각하기
생각책 135쪽

1 👦 숙종이 그때그때 자신을 지지하는 당과 손을 잡았기 때문이다. 그래야만 왕이 자신의 뜻대로 정치를 할 수 있고 왕권이 강해질 수 있기 때문이다.

👩 신하들이 세력을 키워 서로 대립을 하면서 경쟁에서 서로 이기기도 하고, 지기도 했기 때문이다.

2 👦 성균관은 과거를 공부하는 유생들이 공부하는 곳이므로 이곳에 설치하면 유생들이 오고 가며 탕평비를 볼 수 있다. 나중에 유생이 관리가 됐을 때 당쟁을 하지 않고 왕을 도와 일을 잘 할 수 있도록 미리 교육시키려는 것이다.

👩 성균관이 당쟁의 온상이었기 때문에 탕평비를 세워 왕의 뜻을 알리려 했다.

3 👦 어디를 가나 사람이 많으면 서로 편을 갈라 경쟁한다. 조선 시대 당쟁도 마찬가지라고 생각한다. 경쟁을 하게 되면 서로의 수준이 올라가는 장점도 있다. 따라서 조선 후기의 당쟁을 나쁘게 볼 필요는 없다.

👩 정치는 백성을 위해서 하는 것이다. 그런데 당쟁은 양반들끼리 세력을 더 많이 차지하기 위해 싸운 것이므로 당쟁은 조선을 더 어렵게 만든 원인이 된 것 같다.

생각 펼치기

생각책 136~137쪽

이 책으로 공부한 어린이들의 실제 답안을 그대로 실었습니다. 어린이들의 다양한 생각과 관심을 파악할 수 있을 것입니다.

당쟁의 문제점

① 신하들이 부정부패를 저지를 수 있다.
② 죄 없는 신하들이 억울하게 죽을 수도 있다.

해결 방법 제안

① 서로 경쟁을 하되 정정당당히 한다.
② 부정부패를 저지르며 욕심을 채우는 자는 종9품 품계부터 다시 시작한다.

상소문 쓰기

　전하께 아뢰옵니다. 저는 성균관 유생 이현동이라 하옵니다.
　요즘 신하들의 당쟁 때문에 전하의 머리에 흰머리가 생기고 건강이 안 좋으시다는 이야기를 들었습니다.
　저와 저의 동기들도 이제 곧 과거 시험을 보고 관리가 될 것이온데 당쟁이 심한 조정에 들어가는 것이 겁이 나기도 하고, 싸움에 휘말릴 것 같아 심히 걱정되옵니다. 그래서 소인이 당쟁을 막을 수 있는 방법을 생각해 보았습니다.
　당쟁을 하게 되면 자신들의 당파가 더 힘이 세지기 위해서 부정부패를 저지르기도 하고, 죄 없는 다른 당 신하를 억울하게 내쫓거나 죽이기도 합니다. 이는 절대 있어서는 안 될 일입니다. 따라서 조정의 일에 대하여 서로 토론을 통해 의견을 말하고, 정정당당히 경쟁하도록 해야 합니다. 또 상대 당을 이유 없이 몰아세우거나 부정부패를 저질러 욕심을 채우는 자가 있다면 그 관직을 빼앗고 종9품 가장 낮은 관직에서부터 다시 시작하도록 하십시오. 낮은 관직에서 일하다 보면 그동안 자신이 얼마나 편안하고 좋은 자리에 있었는지 다시 한 번 느낄 수 있고, 반성할 수 있는 시간을 가질 수 있을 것입니다. 또 그렇게 낮은 관직으로 돌아가기 싫어서 나쁜 짓을 하지 말아야겠다 생각할 수도 있습니다.
　부디 당쟁이 끝나 전하의 옥체를 보전하실 수 있기를 바라옵니다.

[일월초5 이현아]

14 울릉도와 독도를 지킨 안용복
1693년

학습 목표
1. 안용복의 활약에 대해 알아본다.
2. 독도에 대해 알아본다.
3. 섬 이름으로 빙고게임을 해 본다.

1 노군 (한국사 편지 3권 218쪽 참고)
2 일본의 막부 장군 도쿠가와 쓰나요시 (한국사 편지 3권 218쪽 참고)
3 독도 (한국사 편지 3권 219쪽 참고)
4 대마도 (한국사 편지 3권 222쪽 참고)
5 시마네 현 고시 (한국사 편지 3권 222쪽 참고)
6 《하멜 표류기》 (한국사 편지 3권 227쪽 참고)

생각 한 걸음
생각책 142쪽

1

2 ❶

생각 두 걸음
생각책 143~144쪽

[😊👦] 표시는 이 책으로 공부한 어린이들이 실제로 쓴 답안 중에서 적절한 것을 골라 실은 것입니다. 만약 지금 문제를 풀고 있는 어린이가 다소 다른 대답을 하더라도 문항의 핵심을 충분히 이해했다면 어린이의 다양한 생각을 존중해 주세요.

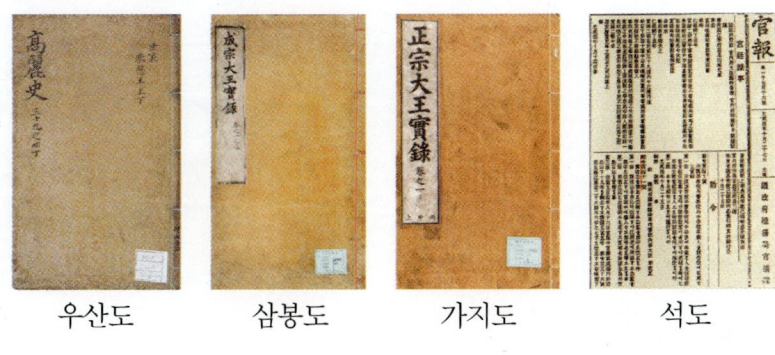

| 우산도 | 삼봉도 | 가지도 | 석도 |

❷ 1906년

깊이 생각하기
생각책 145~146쪽

1 😊 사람마다 가지고 있는 가치관이 달라서 그렇다. 법을 더 중요하게 생각하는 사람들은 안용복의 행동이 법을 어기는 행동이었기 때문에 벌을 받아야 한다고 여겼을 것이다. 안용복을 영웅이라고 생각한 사람들은 안용복이 나라를 위해 적과 싸웠고, 나라의 이익을 위해 일했기 때문에 의롭다고 여겼을 것이다.

2 😊 독도가 우리나라 영토에 포함되면 울릉도가 최고 동쪽일 때 보다 우리의 영해가 넓어진다. 영해가 넓어지면 바다와 관련된 소유권의 범위가 넓어지기 때문에 독도를 중요하게 생각하는 것이다.
😊 독도는 여러 종류의 자원이 풍부하기 때문이다. 독도 근처의 바다 밑에는 거대한 양의 미래 에너지 자원이 묻혀 있다. 미래에 부강한 나라가 되기 위해서는 그 에너지 자원이 필요하다.
😊 독도는 해저산이 물 위에 떠오른 보기 드문 섬으로, 과학적으로 연구할 만한 가치가 있기 때문이다.

3 😊 미래의 자원이 바닷속에 있기 때문이다. 바다 이외에 묻혀 있던 자원은 대부분 개발이 다 되어 있다. 새로운 대체 에너지를 찾기 위해 바다로 눈을 돌리는 것이다.
😊 인간이 갈 수 있는 영역이 넓어졌기 때문이다. 과거에는 교통수단이 육지에 국한되어 있었다면, 현재는 우주까지 그 영역이 넓어졌다. 항공 교통이 발달하고, 인공위성을 통한 각종 관측과 자료의 수집이 중요해짐에 따라 영공의 중요성이 점점 커지고 있다.

여행을 떠나고 싶은 날짜	2014년 8월 29일
내가 사는 곳에서 울릉도로 가는 방법	버스, 배
함께 여행을 떠나고 싶은 사람	친구들 10명 미만
울릉도에서 가보고 싶은 곳	나리분지, 봉래폭포, 성인봉, 도동약수공원, 울릉분재식물원, 죽암몽돌해변, 추암해수욕장 등
울릉도에 가서 하고 싶은 일	유명한 관광지를 돌아보고 맛집에 가 본다.

생각 펼치기
생각책 147쪽

이 책으로 공부한 어린이들의 실제 답안을 그대로 실었습니다. 어린이들의 다양한 생각과 관심을 파악할 수 있을 것입니다.

　2014년 8월 29일 새벽 4시에 집에서 나와 친구들과 터미널로 향한다. 묵호항으로 가는 버스를 탄 뒤 3시간 30분 동안 친구들과 멀미를 견디며 수다를 떨며 간다.

　묵호항에서 배를 기다리며 맛있는 간식을 사 먹고 배를 타고 울릉도를 향한다. 여기까지 반은 성공!

　울릉도에 도착하면 먼저 텐트를 친다. 그리고 자전거를 대여해서 울릉도 한 바퀴를 돌며 관광을 시작한다. 나리분지에서 죽암몽돌해변으로 둘러보고 멋진 곳에선 사진을 꼭 찍어 둔다. 맛집에 들러 울릉도의 맛을 본 후 텐트로 돌아온다. 밤에는 친구들과 레크레이션을 하며 즐겁게 놀다가 잔다.

　둘째 날은 봉래폭포 ⇨ 맛집 ⇨ 도동약수공원 ⇨ 울릉도 분재식물원 ⇨ 성인봉 ⇨ 맛집 순으로 여행한다. 봉래폭포는 인터넷에서 사진을 보니 너무나 멋있었는데 진짜 사진처럼 멋진지 꼭 확인해 보고 싶다. 도동약수공원에서는 건강을 위해 약수도 많이 마신다. 울릉분재식물원에는 예쁜 식물들이 많이 있을 것 같다.

　난생처음 울릉도 여행을 하는 것이니 사진을 많이 찍어 추억도 많이 남길 것이다. 울릉도에 대해 꿀 먹은 벙어리였던 나도 이제 울릉도 박사 등극?

[일월초5 이현아]

여행을 떠나고 싶은 날짜	2028년 2월 14일
내가 사는 곳에서 울릉도로 가는 방법	인천공항에서 비행기를 타고 포항공항까지 가서 포항여객터미널을 찾아간 후 썬플라워호를 타고 간다.

함께 여행을 떠나고 싶은 사람	나 혼자 간다.
울릉도에서 가보고 싶은 곳	해수욕장, 해변카페, 나리분지 등
울릉도에 가서 하고 싶은 일	여유로움을 느끼고 싶다.

나는 2028년 2월 14일에 울릉도를 향해 떠날 것이다. 13박 14일을 생각 중이고, 나리분지와 봉래폭포, 독도전망대를 둘러볼 것이다. 숙소는 대아리조트로 정해서 여행 기간 동안 묵을 것이다. 제일 먼저 해수욕장에 갈 예정인데, 사동해수욕장이 좋다는 평이 많아서 거기에 갈 생각이다. 낮에는 해수욕을 하고 밤에는 울릉도 밤바다를 거닐며 여유를 부려 보고 싶다. 그리고 도동리에 있는 나무카페 전문점에서 아이스 아메리카노 한 잔을 마시고 싶다. 바다를 보면서 마시는 커피는 정말 맛있을 것 같다. 커피를 마실 때 달달한 것이 그리워서 케이크도 한 조각 먹어야겠다. 13박 14일 동안 여유와 자유를 누리며 지낼 것이다.

[대화초5 김민서]

여행을 떠나고 싶은 날짜	2014년 8월 8일
내가 사는 곳에서 울릉도로 가는 방법	강원도 동해시 묵호항에서 배를 타고
함께 여행을 떠나고 싶은 사람	친구들 네 명
울릉도에서 가보고 싶은 곳	해수욕장, 해변카페, 나리분지 등
울릉도에 가서 하고 싶은 일	8박 9일 동안 맛집, 해수욕장, 관광지를 둘러보고 싶다.

1일째: 나는 울릉도행 배에서 내려 최고급 호텔에 짐을 풀고 울릉도에서 가장 유명한 음식점에 가서 밥을 먹는다. 배를 채우고 난 뒤 수영복을 챙겨 해수욕장으로 가서 논다.

2일째: 아침 일찍 일어나서 룸서비스를 시켜서 식사하고 케이블카를 탄 후 바다낚시를 한다.

3일째: 오늘 아침도 룸서비스를 시켜서 먹고 커피를 한 잔 마신 다음 렌터카를 운전해서 알펜시아 워터파크에 가서 온종일 물놀이를 한다.

4일째: 울릉도에서 유명한 약소 구이집을 찾아가서 점심을 먹고 커피를 마시며 식물원에 간다. 울릉도에서만 자라는 식물들이 많다고 하니 기대가 된다. 시간이 나면 약수터에 들린다.

5일째: 숙소와 가까운 향토음식점에서 밥을 먹고 폭포에 가 보고 쉼터나 산책길에서 산책한다.

6일째: 아침 일찍 사자 바위에 올라가서 울릉도의 전경을 보고 나서 근처 음식점으로 간다.

7일째: 아침은 편의점에서 간단하게 해결하고 독도박물관을 둘러본 뒤 나리분지에 오른다.

8일째: 간단히 라면을 끓여 먹고 모노레일을 탄 뒤 등대에 가 본다.

9일째: 전망대와 가까운 음식점에서 밥을 먹은 뒤 아직 둘러보지 못한 관광지를 둘러보고 집으로 간다. 집으로 돌아와 추억으로 남을 사진을 정리한다.

[대화초5 남윤지]